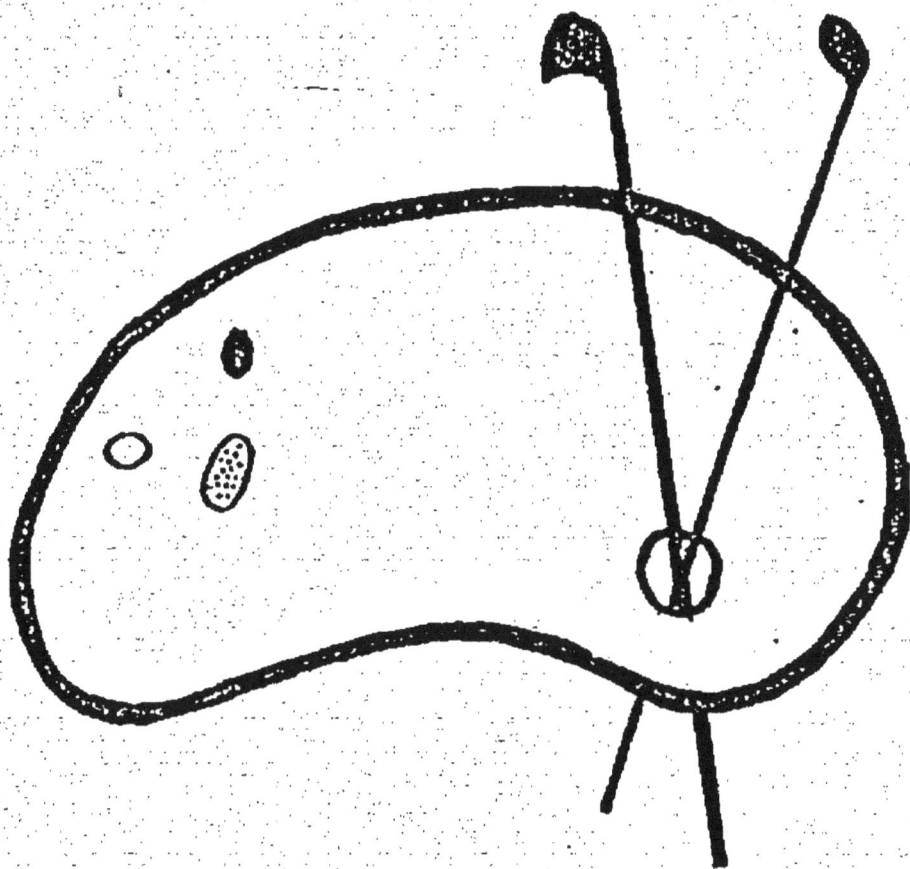

DEBUT D'UNE SERIE DE DOCUMENTS
EN COULEUR

BIBLIOTHÈQUE

du

MOUVEMENT PROLÉTARIEN

XIII

ÉMILE POUGET

Le Sabotage

PARIS

LIBRAIRIE DES SCIENCES POLITIQUES & SOCIALES

Marcel RIVIÈRE et Cᵢᵉ

31, rue Jacob

BIBLIOTHÈQUE
DU
MOUVEMENT PROLÉTARIEN
(Ancienne Bibliothèque du Mouvement Socialiste)
Chaque volume, 0 fr. 60

Georges SOREL

Réflexions sur la violence
Deuxième Édition

1 volume in-16 broché................. 5 fr.

Imprimerie Coopérative Ouvrière

Villeneuve-St-Georges (S.-et-O.)

BIBLIOTHÈQUE

DU

MOUVEMENT PROLÉTARIEN

Cette collection avait été commencée sous le titre d[e] **Bibliothèque du Mouvement Socialiste** parce qu'o[n] avait voulu en faire le complément de la revue du mêm[e] nom.

Cette revue n'étant plus publiée par notre maison, nou[s] avons cru bon de donner un nouveau titre à la **Biblio[-] thèque** pour bien marquer que nous entendons lui con[-] server l'orientation qu'elle a eue à son origine.

La **Bibliothèque du Mouvement Prolétarien** paraî[t] en volumes d'au moins 64 pages, du prix de **0 fr. 60**. Ell[e] comprend des études descriptives, historiques, documen[-] taires, théoriques, critiques et biographiques.

Par son format commode et son prix minime, ell[e] s'adresse surtout à ceux qui n'ont pas la possibilité d'aborde[r] les études particulières sur le mouvement social.

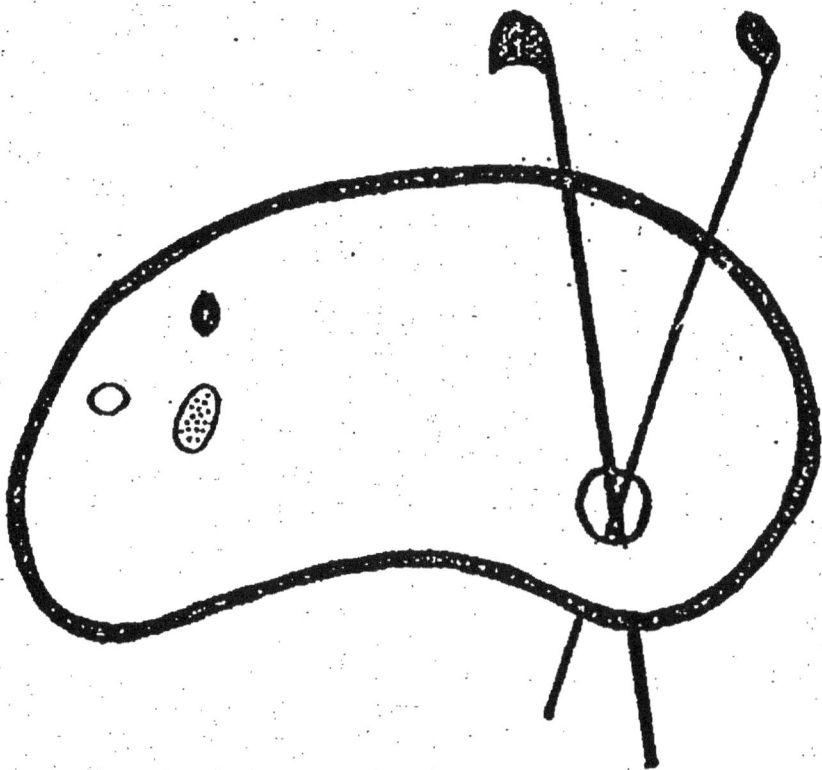

FIN D'UNE SERIE DE DOCUMENTS
EN COULEUR

BIBLIOTHÈQUE
du
MOUVEMENT PROLÉTARIEN
XII

ÉMILE POUGET

Le Sabotage

PARIS
LIBRAIRIE DES SCIENCES POLITIQUES & SOCIALES
Marcel RIVIÈRE et Cie
31, rue Jacob

TABLE DES MATIÈRES

CHAPITRE PREMIER

Quelques jalons historiques

Le mot « sabotage » n'était, il y a encore une quinzaine d'années, qu'un terme argotique, signifiant non l'acte de fabriquer des sabots, mais celui, imagé et expressif, de travail exécuté « comme à coups de sabots. »

Depuis, il s'est métamorphosé en une formule de combat social et c'est au Congrès Confédéral de Toulouse, en 1897, qu'il a reçu le baptême syndical.

Le nouveau venu ne fut pas, dès l'abord, accueilli par tous, dans les milieux ouvriers, avec un chaleureux enthousiasme. Certains le virent d'assez mauvais œil, lui reprochant ses origines roturières, anarchiques et aussi son... immoralité,

Malgré cette suspicion, qui ressemblait presqu'à de l'hostilité, le sabotage a fait son chemin... dans tous les mondes.

Il a désormais les sympathies ouvrières. Et ce n'est pas tout. Il a conquis droit de cité au Larousse, et nul doute que l'Académie, — à moins qu'elle n'ait été *sabotée* elle-même avant d'être parvenue à la lettre S de son dictionnaire, — ne se résolve à tirer au mot « sabotage » sa plus cérémonieuse révérence et à lui ouvrir les pages de son officiel recueil.

On aurait cependant tort de croire que la classe ouvrière a attendu, pour pratiquer le sabotage, que ce mode de lutte ait reçu la consécration des Congrès corporatifs. Il en est de lui comme de toutes les formes de révolte, il est aussi vieux que l'exploitation humaine.

Dès qu'un homme a eu la criminelle ingéniosité de tirer profit du travail de son semblable, de ce jour, l'exploité a, d'instinct, cherché à donner moins que n'exigeait son patron.

Ce faisant, avec tout autant d'inconscience qu'en mettait M. Jourdain à faire de la prose, cet exploité a fait du sabotage, manifestant ainsi, sans le savoir, l'antagonisme irréductible qui dresse l'un contre l'autre, le capital et le travail.

Cette conséquence inéluctable du conflit permanent qui divise la société, il y a trois quarts de siècle, le génial Balzac la mettait en lumière. Dans *La Maison Nucingen*, à propos des sanglantes émeutes de Lyon, en 1831, il nous a donné une nette et incisive définition du sabotage :

Voici, — explique Balzac. — On a beaucoup parlé des affaires de Lyon, de la république canonnée dans les rues, personne n'a dit la vérité. La république s'était emparée de l'émeute, comme un insurgé s'empare du fusil. La vérité, je vous la donne pour drôle et profonde.

Le commerce de Lyon est un commerce sans âme, qui ne fait pas fabriquer une aune de soie sans qu'elle soit commandée et que le paiement soit sûr. Quand la commande s'arrête, l'ouvrier meurt de faim, il gagne à peine de quoi vivre en travaillant, les forçats sont plus heureux que lui.

Après la révolution de juillet, la misère est arrivée à ce point que les CANUTS ont arboré le drapeau : *Du pain ou la mort !* une de ces proclamations que le gouvernement aurait dû étudier. Elle était produite par la cherté de la vie à Lyon. Lyon veut bâtir des théâtres et devenir une capitale, de là des octrois insensés. Les républicains ont flairé cette révolte à propos du pain, et ils ont organisé les CANUTS qui se sont battus en partie double. Lyon a eu ses trois jours, mais tout est rentré dans l'ordre, et le canut dans son taudis.

Le canut, **probe jusque là,** rendant en étoffe la soie qu'on lui pesait en bottes, **a mis la probité à la porte en songeant que les négociants le victimaient, et a mis de l'huile à ses doigts : il a rendu poids pour poids, mais il a vendu la soie représentée par l'huile,** et le commerce des soieries a été infesté d'*étoffes graissées,* ce qui aurait pu entraîner la perte de Lyon et celle d'une branche du commerce français... Les troubles ont donc produit les « gros de Naples » à quarante sous l'aune...

Balzac a soin de souligner que le sabotage des canuts fut une représaille de victimes. En vendant la « gratte » que, dans le tissage ils avaient remplacée par l'huile, ils se vengeaient des fabricants féroces,... de ces fabricants qui avaient promis aux ouvriers de la Croix-Rousse de leur donner des baïonnettes à manger, au lieu de pain... et qui ne tinrent que trop promesse !

Mais, peut-il se présenter un cas où le sabotage ne soit pas une représaille? Est-ce qu'en effet, à l'origine de tout acte de sabotage, par conséquent le précédant, ne se révèle pas l'acte d'exploitation?

Or, celui-ci, dans quelques conditions particulières qu'il se manifeste, n'engendre-t-il pas, — et ne légitime-t-il pas aussi, — tous les gestes de révolte, quels qu'ils soient ?

Ceci nous ramène donc à notre affirmation première : le sabotage est aussi vieux que l'exploitation humaine !

Il n'est d'ailleurs pas circonscrit aux frontières de chez nous. En effet, dans son actuelle formulation théorique, il est une importation anglaise.

Le sabotage est connu et pratiqué outre Manche

depuis longtemps, sous le nom de *Ca'Canny* ou *Go Canny*, mot de patois écossais dont la traduction à peu près exacte qu'on en puisse donner est : « Ne vous foulez pas. »

Un exemple de la puissance persuasive du *Go Canny* nous est donné par le *Musée Social* (1) :

En 1889, une grève avait éclaté à Glasgow. Les dockers unionistes avaient demandé une augmentation de salaire de 10 centimes par heure. Les employeurs avaient refusé et fait venir à grands frais, pour les remplacer, un nombre considérable de travailleurs agricoles. Les dockers durent s'avouer vaincus, et ils consentirent à travailler aux mêmes prix qu'auparavant, à condition qu'on renverrait les ouvriers agricoles. Au moment où ils allaient reprendre le travail, leur secrétaire général les rassembla et leur dit :

« Vous allez revenir travailler aujourd'hui aux anciens prix. Les employeurs ont dit et répété qu'ils étaient enchantés des services des ouvriers agricoles qui nous ont remplacés pendant quelques semaines. Nous, nous les avons vus ; nous avons vu qu'ils ne savaient même pas marcher sur un navire, qu'ils laissaient choir la moitié des marchandises qu'ils portaient, bref que deux d'entre eux ne parvenaient pas à faire l'ouvrage d'un de nous. Cependant, les employeurs se déclarent enchantés du travail de ces gens-là ; il n'y a donc qu'à leur en fournir du pareil et à pratiquer le *Ca' Canny*. Travaillez comme travaillaient les ouvriers agricoles. Seulement, il leur arrivait quelquefois de se laisser tomber à l'eau ; il est inutile que vous en fassiez autant. »

Cette consigne fut exécutée et pendant deux ou trois jours les dockers appliquèrent la politique du *Ca' Canny*. Au bout de ce temps les employeurs firent venir le secrétaire général et lui dirent de demander

(1) Circulaire n° 9, 1896.

aux hommes de travailler comme auparavant, moyennant quoi ils accordaient les 10 centimes d'augmentation...

Voilà pour la pratique. Voici maintenant pour la théorie. Elle est empruntée à un pamphlet anglais, publié vers 1895, pour la vulgarisation du *Go Canny* :

Si vous voulez acheter un chapeau dont le prix est de 5 francs, vous devez payer 5 francs.

Si vous ne voulez payer que 4 francs, il faudra vous contenter d'un chapeau d'une qualité inférieure.

Un chapeau est une marchandise.

Si vous voulez acheter une demi-douzaine de chemises à 2 fr. 50 chaque, vous devez payer 15 francs. Si vous ne voulez payer que 12 fr. 50, vous n'aurez que cinq chemises.

Une chemise est une marchandise.

Les employeurs déclarent que le travail et l'adresse sont de simples marchandises, comme les chapeaux et les chemises. « Très bien, disons-nous, nous vous prenons au mot. »

Si le travail et l'adresse sont des marchandises, les possesseurs de ces marchandises ont le droit de vendre leur travail et leur adresse exactement comme le chapelier vend un chapeau ou le chemisier une chemise.

Ils donnent valeur pour valeur. Pour un prix plus bas vous avez un article inférieur ou de qualité moindre.

Payez au travailleur un bon salaire, et il vous fournira ce qu'il y a de mieux comme travail et comme adresse.

Payez au travailleur un salaire insuffisant et vous n'aurez pas plus le droit à exiger la meilleure qualité et la plus grande quantité de travail que vous n'en avez eu à exiger un chapeau de 5 francs pour 2 fr. 50.

Le *Go Canny* consiste donc à mettre systématiquement en pratique la formule « *à mauvaise paye, mauvais travail !* » Mais il ne se circonscrit pas à cela seul. De cette formule découlent, par voie de conséquence logique, une diversité de manifestations de la volonté ouvrière en conflit avec la rapacité patronale.

Cette tactique, que nous venons de voir vulgarisée en Angleterre, dès 1889, et préconisée et pratiquée dans les organisations syndicales, ne pouvait pas tarder à passer la Manche. En effet, quelques années après, elle s'infiltrait dans les milieux syndicaux français.

C'est en 1895 que, pour la première fois, en France, nous trouvons trace d'une manifestation théorique et consciente du sabotage :

Le Syndicat National des Chemins de fer menait alors campagne contre un projet de loi, — le projet Merlin-Trarieux — qui visait à interdire aux cheminots le droit au syndicat. La question de répondre au vote de cette loi par la grève générale se posa et, à ce propos, Guérard, secrétaire du syndicat, et à ce titre délégué au Congrès de l'Union fédérative du Centre (parti Allemaniste) prononça un discours catégorique et précis. Il affirma que les cheminots ne reculeraient devant aucun moyen pour défendre la liberté syndicale et qu'ils sauraient, au besoin, rendre la grève effective par des procédés à eux ; il fit allusion à un moyen ingénieux et peu coûteux : « ... avec deux sous d'une certaine manière, utilisée à bon escient, déclara-t-il, il nous est possible de mettre une locomotive dans l'impossibilité de fonctionner... »

Cette nette et brutale affirmation, qui ouvrait des horizons imprévus, fit gros tapage et suscita une profonde émotion dans les milieux capitalistes et gouvernementaux qui, déjà, n'envisageaient pas sans angoisses la menace d'une grève des chemins de fer.

Cependant, si par ce discours de Guérard, la question du sabotage était posée, il serait inexact d'en déduire qu'il n'a fait son apparition en France que le 23 juin 1895. C'est dès lors qu'il commence à se vulgariser dans les organisations syndicales, mais cela n'implique pas qu'il fut resté ignoré jusque là.

Pour preuve qu'il était connu et pratiqué antérieurement, il nous suffira de rappeler, comme exemple typique, un « mastic » célèbre dans les fastes télégraphiques :

C'était vers 1881, les télégraphistes du Bureau central, mécontents du tarif des heures supplémentaires de nuit, adressèrent une pétition au ministre d'alors, M. Ad. Cochery. Ils réclamaient dix francs, au lieu de cinq qu'ils touchaient, pour assurer le service du soir à sept heures du matin. Ils attendirent plusieurs jours la réponse de l'administration. Finalement, celle-ci n'arrivant pas, et, d'un autre côté, les employés du Central ayant été avisés qu'il ne leur serait même pas répondu, une agitation sourde commença à se manifester.

La grève étant impossible, on eut recours au « mastic ». Un beau matin, Paris s'éveilla dépourvu de communications télégraphiques (le téléphone n'était pas encore installé).

Pendant quatre ou cinq jours il en fut ainsi. Le haut personnel de l'administration, les ingénieurs avec de nombreuses équipes de surveillants et d'ouvriers vinrent au bureau central, mirent à découvert tous les câbles des lignes, les suivirent de l'entrée des égouts aux appareils. Ils ne purent rien découvrir.

Cinq jours après ce « mastic » mémorable dans les annales du Central, un avis de l'administration prévenait le personnel que dorénavant le service de nuit serait tarifé dix francs au lieu de cinq. On n'en demandait pas plus. Le lendemain matin, toutes les lignes étaient rétablies comme par enchantement.

Les auteurs du « mastic » ne furent jamais connus et si l'administration en devina le motif, le moyen employé resta toujours ignoré (1).

Désormais, à partir de 1895, le branle est donné.

Le sabotage qui, jusqu'alors, n'avait été pratiqué qu'inconsciemment, instinctivement par les travailleurs, va — sous l'appellation populaire qui lui est restée, — recevoir sa consécration théorique et prendre rang parmi les moyens de lutte avérés, reconnus, approuvés et préconisés par les organisations syndicales.

Le Congrès confédéral qui se tint à Toulouse, en 1897, venait de s'ouvrir.

Le préfet de la Seine, M. de Selves, avait refusé aux délégués du syndicat des Travailleurs municipaux, les congés qu'ils demandaient pour participer à ce Congrès. L'Union des syndicats de la Seine protesta, qualifiant avec juste raison ce veto d'attentat contre la liberté syndicale.

Cette interdiction fut évoquée à la première séance du Congrès et une proposition de blâme contre le préfet de la Seine fut déposée.

L'un des délégués, — qui n'était autre que l'auteur de la présente étude, — fit observer combien peu M. de Selves se souciait de la flétrissure d'un congrès ouvrier.

Et il ajouta :

« Mon avis est qu'au lieu de se borner à protester, mieux vaudrait entrer dans l'action et qu'au lieu de subir les injonctions des dirigeants, de baisser la tête quand ils dictent leurs fantaisies, il serait plus efficace de répondre du tac au

(1) *Le Travailleur des P. T. T.*, n° de septembre 1905.

tac. Pourquoi ne pas répliquer à une gifle par un coup de pied ?... »

J'expliquai que mes observations dérivaient d'une tactique de combat sur laquelle le Congrès serait appelé à se prononcer. Je rappelai, à ce propos, l'émotion et la peur dont le monde capitaliste avait tressailli lorsque le camarade Guérard avait déclaré que la minime somme de dix centimes... dépensée intelligemment,... suffirait à un ouvrier des chemins de fer pour mettre un train, attelé de puissantes machines à vapeur, dans l'imposibilité de démarrer.

Puis, rappelant que cette tactique révolutionnaire à laquelle je faisais allusion serait discutée au cours du Congrès, je conclus en déposant la proposition ci-dessous :

Le Congrès, reconnaissant qu'il est superflu de blâmer le gouvernement — qui est dans son rôle en serrant la bride aux travailleurs — engage les travailleurs municipaux à faire pour cent mille francs de dégâts dans les services de la Ville de Paris, pour récompenser M. de Selves de son veto.

C'était un pétard !... Et il ne fit pas long feu.

Tout d'abord, la stupéfaction fut grande chez beaucoup de délégués qui, de prime abord, ne comprenaient pas le sens volontairement outrancier de la proposition.

Il y eut des protestations et l'ordre du jour pur et simple enterra ma proposition.

Qu'importait ! Le but visé était atteint : l'attention du Congrès était en éveil, la discussion était ouverte, la réflexion aguichée.

Aussi, quelques jours après, le rapport que la Commission du boycottage et du sabotage soumettait à l'assemblée syndicale était-il accueilli avec la plus grande et la plus chaleureuse sympathie.

Dans ce rapport, après avoir défini, expliqué et préconisé le sabotage, la Commission ajoutait :

Jusqu'ici, les travailleurs se sont affirmés révolutionnaires; mais, la plupart du temps, ils sont restés sur le terrain théorique : ils ont travaillé à l'extension des idées d'émancipation, ont élaboré et tâché d'esquisser un plan de société future d'où l'exploitation humaine sera éliminée.

Seulement, pourquoi à côté de cette œuvre éducatrice, dont la nécessité n'est pas contestable, n'a-t-on rien tenté pour résister aux empiètements capitalistes et, autant que faire se peut, rendre moins dures aux travailleurs les exigences patronales?

Dans nos réunions on lève toujours les séances aux cris de : « Vive la Révolution Sociale », et loin de se concréter en un acte quelconque, ces clameurs s'envolent en bruit.

De même il est regrettable que les Congrès affirmant toujours leur fermeté révolutionnaire, n'aient pas encore préconisé de résolutions pratiques pour sortir du terrain des mots et entrer dans celui de l'action.

En fait d'armes d'allures révolutionnaires on n'a jusqu'ici préconisé que la grève et c'est d'elle dont on a usé et on use journellement.

Outre la grève, nous pensons qu'il y a d'autres moyens à employer qui peuvent dans une certaine mesure, tenir les capitalistes en échec...

L'un de ces moyens est le boycottage. Seulement, la Commission constate qu'il est inopérant contre l'industriel, le fabricant. Il faut donc autre chose.

Cet autre chose : c'est le sabotage.

Citons le rapport :

Cette tactique, comme le boycottage, nous vient d'Angleterre où elle a rendu de grands services dans la lutte que les travailleurs soutiennent contre les patrons. Elle est connue là-bas sous le nom de *Go Canny*.

A ce propos, nous croyons utile de vous citer l'appel lancé dernièrement par l'*Union Internationale des Chargeurs de navires*, qui a son siège à Londres :

« Qu'est-ce que *Go Canny* ?

« C'est un mot court et commode pour désigner une nouvelle tactique, employée par les ouvriers au lieu de la grève.

« Si deux Ecossais marchent ensemble et que l'un coure trop vite, l'autre lui dit : « Marche doucement, « à ton aise. »

« Si quelqu'un veut acheter un chapeau qui vaut cinq francs, il doit payer cinq francs. Mais s'il ne veut en payer que quatre, eh bien! il en aura un de qualité inférieure. Le chapeau est *une marchandise*.

« Si quelqu'un veut acheter six chemises de deux francs chacune, il doit payer douze francs. S'il n'en paie que dix, il n'aura que cinq chemises. La chemise est encore *une marchandise en vente sur le marché*.

« Si une ménagère veut acheter une pièce de bœuf qui vaut trois francs, il faut qu'elle les paye. Et si elle n'offre que deux francs, alors on lui donne de la mauvaise viande. Le bœuf est encore *une marchandise en vente sur le marché*.

« Eh bien, les patrons déclarent que le travail et l'adresse sont des *marchandises en vente sur le marché*, — tout comme les chapeaux, les chemises et le bœuf.

« — Parfait, répondons-nous, nous vous prenons au mot.

« Si ce sont des *marchandises*, nous les vendrons tout comme le chapelier vend ses chapeaux et le boucher sa viande. Pour de mauvais prix, ils donnent de la mauvaise marchandise. Nous en ferons autant.

« Les patrons n'ont pas le droit de compter sur notre charité. S'ils refusent même de discuter nos demandes, eh bien, nous pouvons mettre en pratique le *Go Canny* — la tactique de *travaillons à la douce*, en attendant qu'on nous écoute. »

Voilà clairement défini le *Go Canny*, le *sabotage* : A MAUVAISE PAYE, MAUVAIS TRAVAIL.

Cette ligne de conduite, employée par nos camarades anglais, nous la croyons applicable en France, car notre situation sociale est identique à celle de nos frères d'Angleterre.

*
* *

Il nous reste à définir sous quelles formes doit se pratiquer le sabotage.

Nous savons tous que l'exploiteur choisit habituellement pour augmenter notre servitude le moment où il nous est le plus difficile de résister à ses empiètements par la grève partielle, seul moyen employé jusqu'à ce jour.

Pris dans l'engrenage, faute de pouvoir se mettre en grève, les travailleurs frappés subissent les exigences nouvelles du capitaliste.

Avec le *sabotage* il en est tout autrement : les travailleurs peuvent résister; ils ne sont plus à la merci complète du capital; ils ne sont plus la chair molle que le maître pétrit à sa guise : ils ont un moyen d'affirmer leur virilité et de prouver à l'oppresseur qu'ils sont des hommes.

D'ailleurs, le *sabotage* n'est pas aussi nouveau qu'il le paraît : depuis toujours les travailleurs l'ont pratiqué individuellement, quoique sans méthode. D'instinct, ils ont toujours ralenti leur production quand le patron a augmenté ses exigences; sans s'en rendre clairement compte, ils ont appliqué la formule : A MAUVAISE PAYE, MAUVAIS TRAVAIL.

Et l'on peut dire que dans certaines industries où le travail aux pièces s'est substitué au travail à la journée, une des causes de cette substitution a été le *sabotage*, qui consistait alors à fournir par jour la moindre quantité de travail possible.

Si cette tactique a donné déjà des résultats, pratiquée sans esprit de suite, que ne donnera-t-elle pas le jour où elle deviendra une menace continuelle pour les capitalistes?

Et ne croyez pas, camarades, qu'en remplaçant le travail à la journée par le travail aux pièces, les patrons se soient mis à l'abri du sabotage : cette tactique n'est pas circonscrite au travail à la journée.

Le sabotage peut et doit être pratiqué pour le travail aux pièces. Mais ici, la ligne de conduite diffère : restreindre la production serait pour le travailleur restreindre son salaire; il lui faut donc appliquer le sabotage à la qualité au lieu de l'appliquer à la quantité. Et alors, non seulement le travailleur ne donnera pas à l'acheteur de sa force de travail plus que pour son argent, mais encore, il l'atteindra dans sa clientèle qui lui permet indéfiniment le renouvellement du capital, fondement de l'exploitation de la classe ouvrière. Par ce moyen, l'exploiteur se trouvera forcé, soit de capituler en accordant les revendications formulées, soit de remettre l'outillage aux mains des seuls producteurs.

Deux cas se présentent couramment : le cas où le travail aux pièces se fait chez soi, avec un matériel appartenant à l'ouvrier, et celui où le travail est centralisé dans l'usine patronale dont celui-ci est le propriétaire.

Dans ce second cas, au sabotage sur la marchandise vient s'ajouter le sabotage sur l'outillage.

Et ici nous n'avons qu'à vous rappeler l'émotion produite dans le monde bourgeois, il y a trois ans, quand on sut que les employés de chemin de fer pouvaient, avec deux sous d'un certain ingrédient, mettre une locomotive dans l'impossibilité de fonctionner.

Cette émotion nous est un avertissement de ce que pourraient les travailleurs conscients et organisés.

Avec le *boycottage* et son complément indispensable, le *sabotage,* nous avons une arme de résistance efficace qui, en attendant le jour où les travailleurs

seront assez puissants pour s'émanciper intégralement nous permettra de tenir tête à l'exploitation
dont nous sommes victimes.

Il faut que les capitalistes le sachent : le travailleur ne respectera la machine que le jour où elle
sera devenue pour lui une amie qui abrège le travail,
au lieu d'être comme aujourd'hui, l'ennemie, la
voleuse de pain, la tueuse de travailleurs.

En conclusion de ce rapport, la Commission pro-
posa au Congrès la résolution suivante :

*Chaque fois que s'élèvera un conflit entre patrons
et ouvriers soit que le conflit soit dû aux exigences
patronales, soit qu'il soit dû à l'initiative ouvrière,
et au cas où la grève semblerait ne pouvoir donner
des résultats aux travailleurs visés : que ceux-ci
appliquent le boycottage ou le sabotage — ou les
deux simultanément — en s'inspirant des données que
nous venons d'exposer.*

La lecture de ce rapport fut accueillie par les
applaudissements unanimes du Congrès. Ce fut
plus que de l'approbation : ce fut de l'emballement.

Tous les délégués étaient conquis, enthousias-
més. Pas une voix discordante ne s'éleva pour
critiquer ou même présenter la moindre observa-
tion ou objection.

Le délégué de la Fédération du Livre, Hamelin,
ne fut pas des moins enthousiastes. Il approuva
nettement la tactique préconisée et le déclara en
termes précis, dont le compte rendu du Congrès ne
donne que ce pâle écho :

Tous les moyens sont bons pour réussir, affirma-
t-il. J'ajoute qu'il y a une foule de moyens à employer
pour arriver à la réussite ; ils sont faciles à appliquer
pourvu qu'on le fasse adroitement. Je veux dire par
là qu'il y a des choses qu'on doit faire et qu'on ne
doit pas dire. Vous me comprenez.

Je sais bien que si je précisais, on pourrait me demander si j'ai le droit de faire telle ou telle chose ; mais, si l'on continuait à ne faire que ce qu'il est permis de faire on n'aboutirait à rien.

Lorsqu'on entre dans la voie révolutionnaire, il faut le faire avec courage, et quand la tête est passée, il faut que le corps y passe.

De chaleureux applaudissements soulignèrent le discours du délégué de la Fédération du Livre et, après que divers orateurs eurent ajouté quelques mots approbatifs, sans qu'aucune parole contradictoire ait été prononcée, la motion suivante fut adoptée à l'unanimité :

Le syndicat des Employés de commerce de Toulouse invite le Congrès à voter par des acclamations les conclusions du rapport et à le mettre en pratique à la première occasion qui se présentera.

Le baptême du sabotage ne pouvait être plus laudatif. Et ce ne fut pas là un succès momentané, — un feu de paille, conséquence d'un emballement d'assemblée, — les sympathies unanimes qui venaient de l'accueillir ne se démentirent pas.

Au Congrès confédéral suivant, qui se tint à Rennes en 1898, les approbations ne furent pas ménagées à la tactique nouvelle.

Entre les orateurs qui, au cours de la discussion prirent la parole pour l'approuver, citons, entre autres, le citoyen Lauche, — aujourd'hui député de Paris : il dit combien le syndicat des Mécaniciens de la Seine, dont il était le délégué, avait été heureux des décisions prises au Congrès de Toulouse, relativement au boycottage et au sabotage.

Le délégué de la Fédération des Cuisiniers se tailla un beau succès et dérida le Congrès, en narrant avec humour le drolatique cas de sabotage.

2

suivant : les cuisiniers d'un grand établissement parisien, ayant à se plaindre de leur patron, restèrent à leur poste toute la journée, fourneaux allumés ; mais, au moment où les clients affluèrent dans les salles, il n'y avait dans les marmites que des briques « cuisant » à grande eau... en compagnie de la pendule du restaurant.

Du rapport qui clôtura la discussion — et qui fut adopté à l'unanimité, — nous extrayons le passage suivant :

... La Commission tient à indiquer que le sabotage n'est pas chose neuve ; les capitalistes le pratiquent, chaque fois qu'ils y trouvent intérêt ; les adjudicataires en ne remplissant pas les clauses de bonne qualité de matériaux, etc., et ils ne le pratiquent pas que sur les matériaux : que sont leurs diminutions de salaires, sinon un sabotage sur le ventre des prolétaires ?

Il faut d'ailleurs ajouter que, instinctivement, les travailleurs ont répondu aux capitalistes en ralentissant la production, en sabotant inconsciemment.

Mais, ce qui serait à souhaiter, c'est que les travailleurs se rendent compte que le sabotage peut être pour eux une arme utile de résistance, tant par sa pratique que par la crainte qu'il inspirera aux employeurs, le jour où ils sauront qu'ils ont à redouter sa pratique consciente. Et nous ajouterons que la menace du sabotage peut souvent donner d'aussi utiles résultats que le sabotage lui-même.

Le Congrès ne peut pas entrer dans le détail de cette tactique; ces choses-là ne relèvent que de l'initiative et du tempérament de chacun et sont subordonnées à la diversité des industries. Nous ne pouvons que poser la théorie et souhaiter que le sabotage entre dans l'arsenal des armes de lutte des prolétaires contre les capitalistes, au même titre que la grève et que, de plus en plus, l'orientation du mouvement social ait pour tendance l'*action directe*.

des individus et une plus grande conscience de leur personnalité...

Une troisième et dernière fois, le sabotage subit le feu d'un congrès : ce fut en 1900, au Congrès confédéral qui se tint à Paris.

On vivait alors une période trouble. Sous l'influence de Millerand, ministre du commerce, se constatait une déviation qui avait sa cause dans les tentations du Pouvoir. Bien des militants se laissaient aguicher par les charmes corrupteurs du ministérialisme et certaines organisations syndicales étaient entraînées vers une politique de « paix sociale » qui, si elle eut prédominé, eut été funeste au mouvement corporatif. C'eut été pour lui, sinon la ruine et la mort, tout au moins l'enlizement et l'impuissance.

L'antagonisme, qui s'accentua dans les années qui suivirent, entre les syndicalistes révolutionnaires et les réformistes, pointait. De cette lutte intestine la discussion, ainsi que le vote sur le sabotage furent une première et embryonnaire manifestation.

La discussion fut courte. Après que quelques orateurs eurent parlé en faveur du sabotage une voix s'éleva pour le condamner : celle du président de séance.

Il déclara que « s'il n'avait pas eu l'honneur de présider, il se serait réservé de combattre le sabotage proposé par le camarade Riom et par Beausoleil » ; et il ajouta qu'il « le considérait comme plus nuisible qu'utile aux intérêts des travailleurs et comme répugnant à la dignité de beaucoup d'ouvriers. »

Il suffira, pour apprécier à sa valeur cette condamnation du sabotage d'observer que, quelques semaines plus tard, il ne « répugna pas à la dignité » de ce moraliste impeccable et scrupuleux d'être nanti, grâce aux bons offices de Millerand, d'une sinécure de tout repos (1).

Le rapporteur de la Commission de laquelle ressortissait le sabotage, choisi pour son travail sur la « marque syndicale », était un adversaire du sabotage. Il l'exécuta donc en ces termes :

Il me reste à dire un mot au sujet du sabotage. Je le dirai d'une façon franche et précise. J'admire ceux qui ont le courage de saboter un exploiteur, je dois même ajouter que j'ai ri bien souvent aux histoires que l'on nous a racontées au sujet du sabotage, mais, pour ma part, je n'oserais faire ce que ces bons amis ont fait. Alors, ma conclusion est que si je n'ai pas le courage de faire une action, ce serait de la lâcheté de ma part d'inciter un autre à la faire.

Je vous avoue que, dans l'acte qui consiste à détériorer un outil ou toute chose confiée à mes soins, ce n'est pas la crainte de Dieu qui paralyse mon courage, mais la crainte du gendarme !

Je laisse à vos bons soins le sort du sabotage.

Le Congrès n'épousa cependant pas les vues du rapporteur. Il fit bien un « sort » au sabotage, mais il fut autre que celui qui lui était conseillé.

Un vote eut lieu, par bulletins, sur cette question spéciale — d'improbation ou d'approbation du sabotage — et il donna les résultats suivants :

Pour le sabotage............ 117
Contre 76
Bulletins blancs........... 2

Ce vote précis clôtura la période de gestation, d'infiltration théorique du sabotage.

(1) Il s'agit de M. Treich, alors secrétaire de la Bourse du Travail de Limoges et fougueux « guesdiste »... nommé peu après receveur de l'enregistrement à Bordeaux.

Depuis lors, indiscutablement admis, reconnu et accepté, il n'a plus été évoqué aux Congrès corporatifs et il a pris rang définitivement au nombre des moyens de lutte préconisés et pratiqués dans le combat contre le capitalisme.

Il est à remarquer que le vote ci-dessus, émis au Congrès de 1900, est déjà une indication du tassement qui va s'effectuer dans les organisations syndicales et qui va mettre les révolutionnaires à un pôle, les réformistes à l'autre. En effet, dans tous les Congrès confédéraux qui vont suivre, quand révolutionnaires et réformistes se trouveront aux prises, presque toujours la majorité révolutionnaire sera à peu près ce qu'elle a été dans le vote sur le sabotage, — soit dans la proportion des deux tiers, contre une minorité réformiste d'un tiers.

CHAPITRE II

La « marchandise » travail

Dans l'exposé historique qui précède, nous venons de constater que le sabotage, sous l'expression anglaise de *Go Canny,* découle de la conception capitaliste que le travail humain est une marchandise.

Cette thèse, les économistes bourgeois s'accordent à la soutenir. Ils sont unanimes à déclarer qu'il y a un marché du travail, comme il y a un marché du blé, de la viande, du poisson ou de la volaille.

Ceci admis, il est donc logique que les capitalistes se comportent à l'égard de la « chair à travail » qu'ils trouvent sur le marché comme lorsqu'il s'agit pour eux d'acheter des marchandises ou des matières premières : c'est-à-dire qu'ils s'efforcent de l'obtenir au taux le plus réduit.

C'est chose normale étant donné les prémisses. Nous sommes ici en plein jeu de la loi de l'offre et de la demande.

Seulement, ce qui est moins compréhensible, c'est que, dans leur esprit, ces capitalistes entendent recevoir, non une quantité de travail en rapport avec le taux du salaire qu'ils payent, mais bien, indépendamment du niveau de ce salaire, le maximum de travail que puisse fournir l'ouvrier.

En un mot, ils prétendent acheter non une quantité de travail, équivalente à la somme qu'ils déboursent, mais la force de travail intrinsèque de l'ouvrier : c'est, en effet, l'ouvrier tout entier — corps et sang, vigueur et intelligence — qu'ils exigent.

Lorsqu'ils émettent cette prétention, les employeurs négligent de tenir compte que cette « force de travail » est partie intégrante d'un être pensant, capable de volonté, de résistance et de révolte.

Certes, tout irait au mieux dans le monde capitaliste si les ouvriers étaient aussi inconscients que les machines de fer et d'acier dont ils sont les servants et si, comme elles, ils n'avaient en guise de cœur et de cerveau qu'une chaudière ou une dynamo.

Seulement, il n'en est pas ainsi ! Les travailleurs savent quelles conditions leur sont faites dans le milieu actuel et s'ils les subissent, ce n'est point de leur plein gré. Ils se savent possesseurs de la « force de travail » et s'ils acquiescent à ce que le patron qui les embauche en « consomme » une quantité donnée, ils s'efforcent que cette quantité soit en rapport plus ou moins direct avec le salaire qu'ils reçoivent. Même parmi les plus dénués de conscience, parmi ceux qui subissent le joug patronal, sans mettre en doute son bien fondé, jaillit intuitivement la notion de résistance aux prétentions capitalistes : ils tendent à ne pas se dépenser sans compter.

Les employeurs n'ont pas été sans constater cette tendance qu'ont les ouvriers à économiser leur « force de travail ». C'est pourquoi, certains d'entre eux ont habilement paré au préjudice qui en découle pour eux, en recourant à l'émulation pour faire oublier à leur personnel cette prudence restrictive.

Ainsi, les entrepreneurs du bâtiment, surtout à

Paris, ont vulgarisé une pratique, qui d'ailleurs tombe en désuétude depuis 1906, — c'est-à-dire depuis que les ouvriers de la corporation sont groupés en syndicats puissants.

Cette pratique consiste à embaucher un « costaud » qui, sur le chantier, donne l'élan à ses camarades. Il « en met » plus que quiconque... et il faut le suivre, sinon les retardataires risquent d'être mal vus et d'être débauchés comme incapables.

Une telle manière de procéder dénote bien que ces entrepreneurs raisonnent à l'égard des travailleurs comme lorsqu'ils traitent un marché pour l'acquisition d'une machine. De même qu'ils achètent celle-ci avec la fonction productive qui lui est incorporée (1), de même ils ne considèrent l'ouvrier que comme un instrument de production qu'ils prétendent acquérir en entier, pour un temps donné, tandis qu'en réalité, ils ne passent de contrat avec lui que pour la fonction de son organisme se traduisant en travail effectif.

Cette discordance qui est la base des rapports entre patrons et ouvriers met en relief l'opposition fondamentale des intérêts en présence : la lutte de la classe qui détient les moyens de production contre la classe qui, dénuée de capital, n'a d'autre richesse que sa force de travail.

Dès que, sur le terrain économique, employés

(1) Il y a cependant des cas où le vendeur d'une machine ne cède pas intégralement à son acheteur la *fonction productrice* de la dite machine. En exemple, certaines machines à fabriquer les chaussures qui sont munies d'un compteur enregistrant le nombre des chaussures produites et qui sont vendues avec la stipulation que l'acheteur paiera *indéfiniment* une certaine redevance par paire de chaussures produite.

et employeurs prennent contact, se révèle cet antagonisme irréductible qui les jette aux deux pôles
opposés et qui, par conséquent, rend toujours ins-
tables et éphémères leurs accords.

Entre les uns et les autres, en effet, il ne peut
jamais se conclure un contrat au sens précis et
équitable du terme. Un contrat implique l'égalité
des contractants, leur pleine liberté d'action et,
de plus, une de ses caractéristiques est de présenter pour tous ses signataires un intérêt réel et personnel, dans le présent aussi bien que dans
l'avenir.

Or, lorsqu'un ouvrier offre ses bras à un patron,
les deux « contractants » sont loin d'être sur le
pied d'égalité. L'ouvrier obsédé par l'urgence d'assurer son lendemain, — si même il n'est pas
tenaillé par la faim, — n'a pas la sereine liberté
d'action dont jouit son embaucheur. En outre, le
bénéfice qu'il retire de son louage de travail n'est
que momentané, car, s'il y trouve la vie immédiate,
il n'est pas rare que le risque de la besogne à
laquelle il est astreint ne mette sa santé, son
avenir en péril.

Donc, entre patrons et ouvriers il ne peut se
conclure d'engagements qui méritent le qualifi-
catif de contrats. Ce qu'on est convenu de désigner sous le nom de *contrat du travail* n'a pas
les caractères spécifiques et bilatéraux du contrat;
c'est, au sens strict, un contrat unilatéral, favo-
rable seulement à l'un des contractants, — un
contrat-léonin.

Il découle de ces constatations que, sur le marché du travail, il n'y a, face à face, que des belligérants en permanent conflit ; par conséquent,
toutes les relations, tous les accords des uns et des
autres ne peuvent être que précaires, car ils sont

viciés à la base, ne reposant que sur le plus ou moins de force et de résistance des antagonistes.

C'est pourquoi, entre patrons et ouvriers, ne se conclut jamais — et ne peut jamais se conclure, — une entente durable, un contrat au sens loyal du mot : il n'y a entre eux que des armistices qui, suspendant pour un temps les hostilités, apportent une trêve momentanée aux faits de guerre.

Ce sont deux mondes qui s'entrechoquent avec violence : le monde du capital, le monde du travail. Certes, il peut y avoir, — et il y a, — des infiltrations de l'un dans l'autre ; grâce à une sorte de capillarité sociale, des transfuges passent du monde du travail dans celui du capital et, oubliant ou reniant leurs origines, prennent rang parmi les plus intraitables défenseurs de leur caste d'adoption. Mais, ces fluctuations dans les corps d'armée en lutte n'infirment pas l'antagonisme des deux classes.

D'un côté comme de l'autre les intérêts en jeu sont diamétralement opposés et cette opposition se manifeste en tout ce qui constitue la trame de l'existence. Sous les déclamations démocratiques, sous le verbe menteur de l'égalité, le plus superficiel examen décèle les divergences profondes qui séparent bourgeois et prolétaires : les conditions sociales, les modes de vivre, les habitudes de penser, les aspirations, l'idéal... tout! tout diffère!

CHAPITRE III

Morale de classe

Il est compréhensible que, de la différenciation radicale dont nous venons de constater la persistance entre la classe ouvrière et la classe bourgeoise découle une moralité distincte.

Il serait, en effet, pour le moins étrange, qu'il n'y ait rien de commun entre un prolétaire et un capitaliste, sauf la morale.

Quoi ! Les faits et gestes d'un exploité devraient être appréciés et jugés avec le critérium de son ennemi de classe ?

Ce serait simplement absurde !

La vérité, c'est que, de même qu'il y a deux classes dans la société, il y a aussi deux morales, — celle des capitalistes et celle des prolétaires.

La morale naturelle ou zoologique, écrit Max Nordau, déclarerait que le repos est le mérite suprême, et ne donnerait à l'homme le travail comme désirable et glorieux qu'autant que ce travail est indispensable à son existence matérielle. Mais les exploiteurs n'y trouveraient pas leur compte. Leur intérêt, en effet, réclame que la masse travaille plus qu'il n'est nécessaire pour elle, et produise plus que son propre usage ne l'exige. C'est qu'ils veulent précisément s'emparer du surplus de la production ; à cet effet, ils ont supprimé la morale naturelle et en ont inventé une autre, qu'ils ont fait établir par leurs philosophes, vanter par leurs prédicateurs, chanter par leurs poètes : morale d'après laquelle l'oisiveté serait la source de tous les vices, et le travail une vertu, la plus belle de toutes les vertus...

Il est inutile d'observer que cette morale est à l'usage exclusif des prolétaires, les riches qui la prônent n'ayant garde de s'y soumettre : l'oisiveté n'est vice que chez les pauvres.

C'est au nom des prescriptions de cette morale spéciale que les ouvriers doivent trimer dur et sans trêve au profit de leurs patrons et que tout relâchement de leur part, dans l'effort de production, tout ce qui tend à réduire le bénéfice escompté par l'exploiteur, est qualifié d'action immorale.

Par contre, c'est toujours en excipant de cette morale de classe que sont glorifiés le dévouement aux intérêts patronaux, l'assiduité aux besognes les plus fastidieuses et les moins rémunératrices, les scrupules niais qui créent « l'honnête ouvrier », en un mot toutes les chaînes idéologiques et sentimentales qui rivent le salarié au carcan du capital, mieux et plus sûrement que des maillons en fer forgé.

Pour compléter l'œuvre d'asservissement, il est fait appel à la vanité humaine : toutes les qualités du bon esclave sont exaltées, magnifiées et on a même imaginé de distribuer des récompenses, — la médaille du travail ! — aux ouvriers-caniches qui se sont distingués par la souplesse de leur épine dorsale, leur esprit de résignation et leur fidélité au maître.

De cette morale scélérate la classe ouvrière est donc saturée à profusion.

Depuis sa naissance, jusqu'à la mort, le prolétaire en est englué : il suce cette morale avec le lait plus ou moins falsifié du biberon qui, pour lui, remplace trop souvent le sein maternel ; plus tard, à la « laïque », on la lui inculque encore, en un dosage savant, et l'imprégnation se continue, par mille et mille procédés, jusqu'à ce que, couché dans la fosse commune, il dorme son éternel sommeil.

L'intoxication résultant de cette morale est tellement profonde et tellement persistante que des hommes à l'esprit subtil, au raisonnement clair et aigu, en restent cependant contaminés. C'est le cas du citoyen Jaurès qui, pour condamner le sabotage, a excipé de cette éthique, créée à l'usage des capitalistes. Dans une discussion ouverte au Parlement sur le Syndicalisme, le 11 mai 1907, il déclarait :

Ah ! s'il s'agit de la propagande systématique, méthodique du sabotage, au risque d'être taxé par vous d'un optimisme où il entrerait quelque complaisance pour nous-mêmes, je ne crains pas qu'elle aille bien loin. Elle répugne à toute la nature à toutes les tendances de l'ouvrier...

Et il insistait fort :

Le sabotage, affirmait-il, répugne à la valeur technique de l'ouvrier.

La valeur technique de l'ouvrier, c'est sa vraie richesse ; voilà pourquoi le théoricien, le métaphysicien du syndicalisme, Sorel déclare que, accordât-on au syndicalisme tous les moyens possibles, il en est un qu'il doit s'interdire à lui-même : celui qui risquerait de déprécier, d'humilier dans l'ouvrier cette valeur professionnelle, qui n'est pas seulement sa richesse précaire d'aujourd'hui, mais qui est son titre pour sa souveraineté dans le monde de demain...

Les affirmations de Jaurès, même placées sous l'égide de Sorel, sont tout ce qu'on voudra, — voire de la métaphysique, — hormis la constatation d'une réalité économique.

Où diantre a-t-il rencontré des ouvriers que « toute leur nature et toutes leurs tendances » portent à donner le plein de leur effort, physique et intellectuel à un patron, en dépit de conditions dérisoires, infimes ou odieuses que celui-ci leur impose ?

En quoi, d'autre part, la « valeur technique » de ces problématiques ouvriers sera-t-elle mise en péril, parce que, le jour où ils s'apercevront de l'exploitation éhontée dont ils sont victimes, ils tenteront de s'y soustraire et, tout d'abord, ne consentiront plus à soumettre leurs muscles et leurs cerveaux à une fatigue indéfinie, pour le seul profit du patron ?

Pourquoi ces ouvriers gaspilleraient-ils cette « valeur technique » qui constitue leur « vraie richesse » — au dire de Jaurès — et pourquoi en feraient-ils presque gratuitement cadeau au capitaliste ?

N'est-il pas plus logique qu'au lieu de se sacrifier, en agneaux bêlants sur l'autel du patronat, ils se défendent, luttent, et estimant au plus haut prix possible leur « valeur technique » ils ne cèdent tout ou partie de cette « vraie richesse » qu'aux conditions les meilleures, ou les moins mauvaises ?

A ces interrogations l'orateur socialiste n'apporte pas de réponse, n'ayant pas approfondi la question. Il s'est borné à des affirmations d'ordre sentimental, inspirées de la morale des exploiteurs et qui ne sont que le remâchage des arguties des économistes reprochant aux ouvriers français leurs exigences et leurs grèves, les accusant de mettre l'industrie nationale en péril.

Le raisonnement du citoyen Jaurès est, en effet, du même ordre, avec cette différence qu'au lieu de faire vibrer la corde patriotique, c'est le point d'honneur, la vanité, la gloriole du prolétaire qu'il a tâché d'exalter, de surexciter,

Sa thèse aboutit à la négation formelle de la lutte de classe, car elle ne tient pas compte du permanent état de guerre entre le capital et le travail.

Or, le simple bon sens suggère que le patron étant l'ennemi, pour l'ouvrier, il n'y a pas plus déloyauté de la part de celui-ci à dresser des embuscades contre son adversaire qu'à le combattre à visage découvert.

Donc, aucun des arguments empruntés à la morale bourgeoise ne vaut pour apprécier le sabotage, non plus que toute autre tactique prolétarienne; de même, aucun de ces arguments ne vaut pour juger les faits, les gestes, les pensées ou les aspirations de la classe ouvrière.

Si sur tous ces points on désire raisonner sainement, il ne faut pas se référer à la morale capitaliste, mais s'inspirer de la morale des producteurs qui s'élabore quotidiennement au sein des masses ouvrières et qui est appelée à régénérer les rapports sociaux, car c'est elle qui réglera ceux du monde de demain.

CHAPITRE IV

Les procédés de sabotage

Sur le champ de bataille qu'est le marché du travail, où les belligérants s'entrechoquent, sans scrupules et sans égards, il s'en faut, nous l'avons constaté, qu'ils se présentent à armes égales.

Le capitaliste oppose une cuirasse d'or aux coups de son adversaire qui, connaissant son infériorité défensive et offensive, tâche d'y suppléer en ayant recours aux ruses de guerre. L'ouvrier, impuissant pour atteindre son adversaire de front, cherche à le prendre de flanc, en l'attaquant dans ses œuvres vives : le coffre-fort.

Il en est alors des prolétaires comme d'un peuple qui, voulant résister à l'invasion étrangère et ne se sentant pas de force à affronter l'ennemi en bataille rangée se lance dans la guerre d'embuscades, de guérillas. Lutte déplaisante pour les grands corps d'armée, lutte tellement horripilante et meurtrière que, le plus souvent, les envahisseurs refusent de reconnaître aux francs-tireurs le caractère de belligérants.

Cette exécration des guérillas pour les armées régulières n'a pas plus lieu de nous étonner que l'horreur inspirée par le sabotage aux capitalistes.

C'est qu'en effet le sabotage est dans la guerre sociale ce que sont les guérillas dans les guerres nationales : il découle des mêmes sentiments, répond aux mêmes nécessités et a sur la mentalité ouvrière d'identiques conséquences.

On sait combien les guérillas développent le

courage individuel, l'audace et l'esprit de décision ; autant peut s'en dire du sabotage : il tient en haleine les travailleurs, les empêche de s'enlizer dans une veulerie pernicieuse et comme il nécessite une action permanente et sans répit, il a l'heureux résultat de développer l'esprit d'initiative, d'habituer à agir soi-même, de surexciter la combativité.

De ces qualités, l'ouvrier en a grandement besoin, car le patron agit à son égard avec aussi peu de scrupules qu'en ont les armées d'invasion opérant en pays conquis : il rapine le plus qu'il peut !

Cette rapacité capitaliste, le milliardaire Rockefeller l'a blâmée... quitte, très sûrement, à la pratiquer sans vergogne.

Le tort de certains employeurs, a-t-il écrit, est de ne point payer la somme exacte qu'ils devraient ; alors le travailleur a une tendance à restreindre son labeur.

Cette tendance à la restriction du labeur que constate Rockefeller — restriction qu'il légitime et justifie par le blâme qu'il adresse aux patrons — est du sabotage sous la forme qui se présente spontanément à l'esprit de tout ouvrier : le *ralentissement du travail.*

C'est, pourrait-on dire, la forme instinctive et primaire du sabotage.

C'est à son application qu'à Beaford, dans l'Indiana, Etats-Unis (c'était en 1908), se décidaient une centaine d'ouvriers qui venaient d'être avisés qu'une réduction de salaire s'élevant à une douzaine de sous par heure leur était imposée. Sans mot dire, ils se rendirent à une usine voisine et firent rogner leurs pelles de deux pouces et demi.

Après quoi, ils revinrent au chantier et répondirent au patron : « A petite paie, petite pelle! »

Cette forme de sabotage n'est praticable que pour les ouvriers à la journée. Il est, en effet, bien évident que ceux qui travaillent aux pièces et qui ralentiraient leur production seraient les premières victimes de leur révolte passive puisqu'ils saboteraient leur propre salaire. Ils doivent donc recourir à d'autres moyens et leur préoccupation doit être de diminuer la qualité et non la quantité de leur produit.

De ces moyens, le *Bulletin de la Bourse du Travail de Montpellier* donnait un aperçu, dans un article publié dans les premiers mois de 1900, quelques semaines avant le Congrès confédéral qui se tint à Paris :

Si vous êtes mécanicien, disait cet article, il vous est très facile avec deux sous d'une poudre quelconque, ou même seulement avec du sable, d'enrayer votre machine, d'occasionner une perte de temps et une réparation fort coûteuse à votre exploiteur. Si vous êtes menuisier ou ébéniste, quoi de plus facile que de détériorer un meuble sans que le patron s'en aperçoive et de lui faire perdre ainsi des clients ? Un tailleur peut aisément abîmer un habit ou une pièce d'étoffe; un marchand de nouveautés, avec quelques taches adroitement posées sur un tissu le fait vendre à vil prix ; un garçon épicier, avec un mauvais emballage, fait casser la marchandise ; c'est la faute de n'importe qui, et le patron perd le client. Le marchand de laines, mercerie, etc., avec quelques gouttes d'un corrosif répandues sur une marchandise qu'on emballe, mécontente le client ; celui-ci renvoie le colis et se fâche ; on lui répond que c'est arrivé en route... Résultat, perte souvent du client. Le travailleur à la terre donne de temps en temps un coup de pioche maladroit, — c'est-à-dire adroit, — ou sème de la mauvaise graine au milieu d'un champ, etc..

Ainsi qu'il est indiqué ci-dessus, les procédés de sabotage sont variables à l'infini. Cependant, quels qu'ils soient, il est une qualité qu'exigent d'eux les militants ouvriers : c'est que leur mise en pratique n'ait pas une répercussion fâcheuse sur le consommateur.

Le sabotage s'attaque au patron, soit par le ralentissement du travail, soit en rendant les produits fabriqués invendables, soit en immobilisant ou rendant inutilisable l'instrument de production, mais le consommateur ne doit pas souffrir de cette guerre faite à l'exploiteur.

Un exemple de l'efficacité du sabotage est l'application méthodique qu'en ont fait les coiffeurs parisiens :

Habitués à frictionner des têtes, ils se sont avisés d'étendre le système du schampoing aux devantures patronales. C'est au point que, pour les patrons coiffeurs, la crainte du *badigeonnage* est devenue la plus convaincante des sanctions.

C'est grâce au badigeonnage — pratiqué principalement de 1902 à mai 1906, — que les ouvriers coiffeurs ont obtenu la fermeture des salons à des heures moins tardives et c'est aussi la crainte du badigeonnage qui leur a permis d'obtenir, très rapidement (avant le vote de la loi sur le repos hebdomadaire) la généralisation de la fermeture des boutiques, un jour par semaine.

Voici en quoi consiste le badigeonnage : en un récipient quelconque, tel un œuf préalablement vidé, le « badigeonneur » enferme un produit caustique ; puis, à l'heure propice, il s'en va lancer contenant et contenu sur la devanture du patron réfractaire.

Ce « schampoing » endolorit la peinture de la boutique et le patron profitant de la leçon reçue devient plus accommodant.

Il y a environ 2.300 boutiques de coiffeurs à Paris, sur lesquelles, durant la campagne de badigeonnage, 2.000 au moins ont été badigeonnées une fois... sinon plusieurs. *L'Ouvrier coiffeur,* l'organe syndical de la Fédération des Coiffeurs a estimé approximativement à 200.000 francs les pertes financières occasionnées aux patrons par le procédé du badigeonnage.

Les ouvriers coiffeurs sont enchantés de leur méthode et ils ne sont nullement disposés à l'abandonner. Elle a fait ses preuves, disent-ils, et ils' lui attribuent une valeur moralisatrice qu'ils affirment supérieure à toute sanction légale.

Le badigeonnage, comme tous les bons procédés de sabotage s'attaque donc à la caisse patronale et la tête des clients n'a rien à en redouter.

Les militants ouvriers insistent fort sur ce caractère spécifique du sabotage qui est de frapper le patron et non le consommateur. Seulement, ils ont à vaincre le parti-pris de la presse capitaliste qui dénature leur thèse à plaisir en présentant le sabotage comme dangereux pour les consommateurs principalement.

On n'a pas oublié l'émotion que soulevèrent, il y a quelques années, les racontars des quotidiens, à propos du pain au verre pilé. Les syndicalistes s'évertuaient à déclarer que mettre du verre pilé dans le pain serait un acte odieux, stupidement criminel et que les ouvriers boulangers n'avaient jamais eu semblable pensée. Or, malgré les dénégations et les démentis, le mensonge se répandait, se rééditait et, naturellement, indisposait contre les ouvriers boulangers nombre de gens pour qui ce qu'imprime leur journal est parole d'évangile.

En fait, jusqu'ici, au cours des diverses grèves de boulangers, le sabotage constaté s'est borné à la détérioration des boutiques patronales, des pétrins ou des fours. Quant au pain, s'il en a été fabriqué d'immangeable, — pain brûlé ou pas cuit, sans sel, ou sans levain, etc., mais, insistons-y, jamais au verre pilé ! — ce ne sont pas, et ce ne pouvaient pas être, les consommateurs qui en ont pâti, mais uniquement les patrons.

Il faudrait, en effet, supposer les acheteurs pétris de bêtise... à en manger du foin !... pour accepter, au lieu de pain, un mélange indigeste ou nauséabond. Si le cas se fût présenté ils eussent évidemment rapporté ce mauvais pain à leur fournisseur et eussent exigé à la place un produit comestible.

Il n'y a donc à retenir le pain au verre pilé que comme un argument capitaliste destiné à jeter le discrédit sur les revendications des ouvriers boulangers.

Autant peut s'en dire du « canard » lancé en 1907 par un quotidien, — spécialiste en excitations contre le mouvement syndical, — qui raconta qu'un préparateur en pharmacie, féru du sabotage, venait de substituer de la strychnine et autres poisons violents à d'innocentes drogues prescrites pour la préparation de cachets .

Contre cette histoire, qui n'était qu'un mensonge, — et aussi une insanité, — le syndicat des préparateurs en pharmacie protesta avec juste raison.

En réalité, si un préparateur en pharmacie avait intention de sabotage, jamais il n'imagi-

nerait d'empoisonner les malades... ce qui, après
avoir conduit ceux-ci au tombeau, l'amènerait
lui-même en cour d'assises et ne causerait aucun
sérieux préjudice à son patron.

Certes, le « potard » saboteur agirait autrement.
Il se bornerait à gaspiller les produits pharmaceutiques, à en faire une généreuse distribution ; il
pourrait encore employer pour les ordonnances les
produits purs, — mais très coûteux, — en place
des produits frelatés qui s'emploient couramment.

En ce dernier cas, il se dégagerait d'une com-
plicité coupable... de sa participation au sabotage
patronal, — criminel celui-là ! — et qui consiste
à délivrer des produits de basse qualité, d'action
quasi nulle, au lieu des produits purs ordonnancés
par le médecin.

Il est inutile d'insister davantage pour démontrer que le sabotage pharmaceutique peut être
profitable au malade, mais qu'il ne peut jamais,
— au grand jamais ! — lui être nuisible.

C'est d'ailleurs par des résultats similaires, favo-
rables au consommateur, que, dans bien des corporations, — entre autres celle de l'alimentation, —
se manifeste le sabotage ouvrier.

Et s'il y a un regret à formuler c'est que ce
sabotage ne soit pas davantage entré dans les
mœurs ouvrières. Il est triste, en effet, de constater
que, trop souvent, des travailleurs s'associent aux
plus abominables frelatages qu'il soit, au détri-
ment de la santé publique ; et cela, sans envisager
la part de responsabilité qui leur incombe dans
des agissements que le Code peut excuser, mais
qui n'en sont pas moins des crimes.

Un appel à la population parisienne — dont ci-
dessous est reproduit l'essentiel, — lancé en 1908

par le syndicat des Cuisiniers, en dit plus long sur ce sujet que bien des commentaires :

Le 1er juin dernier, un chef cuisinier, arrivé du matin même dans un restaurant populaire, constatait que la viande qui lui était confiée s'était tellement avariée, que la servir eût été un danger pour les consommateurs ; il en fit part au patron qui exigea qu'elle soit quand même servie ; l'ouvrier, révolté de la besogne qu'on voulait de lui, refusa de se faire complice de l'empoisonnement de la cientèle.

Le patron, furieux, de cette indiscrète loyauté, se vengea en le congédiant et en le signalant au syndicat patronal des restaurants populaires *La Parisienne*, afin de l'empêcher de se replacer.

Jusqu'ici, l'incident révèle seulement un acte individuel et ignoble du patron et un acte de conscience d'un ouvrier ; mais la suite de l'affaire révèle, comme on va le voir, une solidarité patronale tellement scandaleuse et dangereuse, que nous nous croyons obligés de la dénoncer :

Quand l'ouvrier s'est représenté à l'office de placement du syndicat patronal, le préposé à cet office lui déclara : qu'à lui, ouvrier, ça ne le regardait pas si les denrées étaient ou non avariées, que ce n'était pas lui qui était responsable ; que du moment qu'on le payait il n'avait qu'à obéir, que son acte était inadmissible et que désormais il n'avait plus à compter sur leur service de placement pour avoir du travail.

Crever de faim ou se faire au besoin complice d'empoisonnement, voilà le dilemme posé aux ouvriers par ce syndicat patronal.

D'autre part, ce langage établit bien nettement que, loin de réprouver la vente des denrées avariées, ce syndicat couvre et défend ces actes et poursuit de sa haine les empêcheurs d'empoisonner tranquillement !

Il n'est sûrement pas un spécimen unique dans Paris, ce restaurateur sans scrupules qui sert de la viande pourrie à sa clientèle. Cependant, rares

sont les cuisiniers qui ont le courage de suivre
l'exemple donné.

C'est que, hélas, à avoir trop de conscience, ces
travailleurs risquent de perdre leur gagne-pain,
— voire d'être boycottés ! Or, ce sont là des consi-
dérations qui font tourner bien des têtes, vaciller
bien des volontés et mettent un frein à bien des
révoltes.

Et c'est pourquoi, trop peu nous sont dévoilés
les mystères des gargottes, — populaires ou aris-
tocratiques.

Il serait pourtant utile au consommateur de
savoir que les énormes quartiers de bœuf qui,
aujourd'hui, s'étalent à la devanture du restaurant
qu'il fréquente sont des viandes apétissantes qui,
demain, seront trimballées et détaillées aux Hal-
les... tandis qu'à la gargote en question se débite-
ront des viandes suspectes.

Il lui serait également utile, au client, de savoir
que le potage bisque d'écrevisses qu'il savoure est
fait avec les carapaces de langoustes laissées hier,
— par lui ou d'autres, — sur l'assiette ; carapaces
soigneusement raclées, pour en détacher le pulpe
y adhérant encore et qui, broyé au mortier, est
finement délayé par un coulis qu'on teinte en rose
avec du carmin.

De savoir aussi : qu'on « fait » les filets de bar-
bue avec de la lotte ou du cabillaud ; que les filets
de chevreuil sont de la « tranche » de bœuf,
pimentée grâce à une marinade endiablée ; que
pour enlever aux volailles la saveur « passée » et
les « rajeunir » on promène dans l'intérieur un
fer rouge.

Et encore, que tout le matériel de restaurant :
cuillers, verres, fourchettes, assiettes, etc., est
essuyé avec les serviettes abandonnées par les

clients après leur repas, — d'où contagion possible de tuberculose... sinon d'avarie !

La liste serait longue, — et combien nauséeuse ! — s'il fallait énumérer tous les « trucs » et les « fourbis » de commerçants rapaces et sans vergogne qui, embusqués au coin de leur boutique, ne se satisfont point de détrousser leurs pratiques, mais encore trop souvent, les empoisonnent par dessus le marché.

D'ailleurs, il ne suffit pas de connaître les procédés ; il faut savoir quelles sont les maisons « honorables » qui sont coutumières de ces criminelles manières de faire. C'est pourquoi nous devons souhaiter, dans l'intérêt de la santé publique, que les ouvriers de l'alimentation sabotent les réputations surfaites de leurs patrons et nous mettent en garde contre ces malfaiteurs.

Observons, au surplus, qu'il est, pour les cuisiniers, une autre variété de sabotage : c'est de préparer les plats d'excellente façon, avec tous les assaisonnements nécessaires et en y apportant tous les soins requis par l'art culinaire ; ou bien, dans les restaurants à la portion, d'avoir la main lourde et copieuse, au profit des clients.

De tout ceci il résulte donc, que, pour les ouvriers de cuisine, le sabotage s'identifie avec l'intérêt des consommateurs, soit qu'ils s'avisent d'être de parfaits maîtres-queux, soit qu'ils nous initient aux arcanes peu ragoûtantes de leurs officines.

Certains objecteront peut-être que, dans ce dernier cas, les cuisiniers font, non pas acte de sabotage, mais donnent un exemple d'intégrité et de loyauté professionnelle digne d'encouragement.

Qu'ils prennent garde ! Ils s'engagent sur une pente très savonnée, très glissante et ils risquent de rouler à l'abîme... c'est-à-dire à la condamnation formelle de la société actuelle.

En effet, la falsification, la sophistication, la tromperie, le mensonge, le vol, l'escroquerie sont la trame de la société capitaliste; les supprimer équivaudrait à la tuer.... Il ne faut pas s'illusionner : le jour où on tenterait d'introduire dans les rapports sociaux, à tous les degrés et dans tous les plans, une stricte loyauté, une scrupuleuse bonne foi, plus rien ne resterait debout, ni industrie, ni commerce, ni banque..., rien! rien!

Or, il est évident que, pour mener à bien toutes les opérations louches auxquelles il se livre, le patron ne peut agir seul; il lui faut des aides, des complices... il les trouve dans ses ouvriers, ses employés. Il s'en suit logiquement qu'en associant ses employés à ses manœuvres — mais non à ses bénéfices — le patron, dans n'importe quelle branche de l'activité, exige d'eux une soumission complète à ses intérêts et leur interdit d'apprécier et de juger les opérations et les agissements de sa maison; s'il en est qui ont un caractère frauduleux, voire criminel, cela ne les regarde point.

« *Ils ne sont pas responsables... Du moment qu'on les paie, ils n'ont qu'à obéir...* », ainsi l'observait très bourgeoisement le préposé de la «Parisienne » dont il a été question plus haut.

En vertu de tels sophismes, le travailleur doit faire litière de sa personnalité, étouffer ses sentiments et agir en inconscient; toute désobéissance aux ordres donnés, toute violation des secrets professionnels, toute divulgation des pratiques, pour le moins malhonnêtes, auxquelles il est astreint, constitue de sa part un acte de félonie à l'égard du patron.

Donc, s'il se refuse à l'aveugle et passive sou-

mission, s'il ose dénoncer les vilenies auxquelles
on l'associe, il est considéré comme se rebellant
contre son employeur, car il se livre envers lui à
des actes de guerre, — il le sabote !

Au surplus, cette manière de voir n'est pas par-
ticulière aux patrons, c'est aussi comme acte de
guerre, — comme acte de sabotage, — que les syndicats ouvriers interprètent toute divulgation pré-
judiciables aux intérêts capitalistes.

Cet ingénieux moyen de battre en brèche l'exploitation humaine a même reçu un nom spécial :
c'est le sabotage par la méthode de la *bouche
ouverte.*

L'expression est on ne peut plus significative.
Il est, en effet certain que bien des fortunes ne se
sont édifiées que grâce au silence qu'ont gardé
sur les pirateries patronales les exploités qui y
ont collaboré. Sans le mutisme de ceux-ci, il eût
été difficile, sinon impossible aux exploiteurs de
mener à bien leurs affaires ; si elles ont réussi, si
la clientèle est tombée dans leurs panneaux, si
leurs bénéfices ont fait boule de neige, c'est grâce
au silence de leurs salariés.

Eh bien ! ces muets du sérail industriel et com-
mercial sont las de rester bouche close. Ils veulent
parler ! Et ce qu'ils vont dire va être si grave que
leurs révélations vont faire le vide autour de leur
patron, que sa clientèle va se détourner de lui...

Cette tactique de sabotage qui, sous ses formes
anodines et vierges de violences, peut être aussi
redoutable pour bien des capitalistes que la brutale mise à mal d'un précieux outillage est en
passe de considérable vulgarisation.

C'est à elle que recourent les travailleurs du
bâtiment qui dévoilent, à l'architecte ou au propriétaire qui fait construire, les malfaçons de l'im-

meuble qu'ils viennent de terminer, ordonnées par l'entrepreneur et à son profit : murs manquant d'épaisseur, emploi de mauvais matériaux, couches de peinture escamotées, etc.

Bouche ouverte, également, lorsque les ouvriers du métro dénoncent à grand fracas les criminels vices de construction des tunnels ;

Bouche ouverte, aussi, quand les garçons épiciers pour amener à composition les maisons réfractaires à leurs revendications ont avisé, par voie d'affiches, les ménagères des trucs et des filouteries du métier;

Bouche ouverte, encore, les placards des préparateurs en pharmacie — en lutte pour la fermeture à 9 heures du soir — dénonçant le coupable sabotage des malades par des patrons insoucieux.

Et c'est de même à la pratique de la *bouche ouverte* qu'ont décidé de recourir les employés des maisons de banque et de Bourse. Dans une assemblée générale, tenue en juillet dernier, le syndicat de ces employés a adopté un ordre du jour menaçant les patrons, s'ils font la sourde oreille aux revendications présentées, de rompre le silence professionnel et de révéler au public tout ce qui se passe dans les cavernes de voleurs que sont les maisons de finance.

Ici, une question se pose :

Que vont dire de la *bouche ouverte* les pointilleux et tatillons moralistes qui condamnent le sabotage au nom de la morale?

Auxquels des deux, patrons ou employés, vont aller leurs anathèmes?

Aux patrons, escrocs, spoliateurs, empoisonneurs, etc., qui entendent associer leurs employés à leur indignité, les rendre complices de leurs délits, de leurs crimes?

Ou bien, aux employés qui, se refusant aux malhonnêtetés et aux scélératesses que l'exploiteur exige d'eux, libèrent leur conscience en mettant public ou consommateurs en garde?

*
* *

Nous venons d'examiner les procédés de sabotage mis en œuvre par la classe ouvrière, sans suspension de travail, sans qu'il y ait abandon du chantier ou de l'atelier; mais le sabotage ne se limite pas à cette action restreinte; il peut devenir, — et il devient de plus en plus, — un aide puissant au cas de grève.

Le milliardaire Carnegie, le roi du Fer, a écrit:

Attendre d'un homme qui défend son salaire pour les besoins de sa vie, d'assister tranquillement à son remplacement par un autre homme, c'est trop attendre.

C'est ce que ne cessent de dire, de répéter, de clamer les syndicalistes. Mais, il n'y a pire sourds, on le sait, que ceux qui ne veulent pas entendre, — et les capitalistes sont du nombre!

Cette pensée du milliardaire Carnegie, le citoyen Bousquet, secrétaire du Syndicat des Boulangers parisiens, l'a paraphrasée dans un article de la *Voix du Peuple* (1) :

Nous pouvons constater, écrivait-il, que le simple fait de l'arrêt du travail n'est pas suffisant pour l'aboutissant d'une grève. Il serait nécessaire et même indispensable, pour le résultat du conflit, que l'outillage, — c'est-à-dire les moyens de production de l'usine, du tissage, de la mine, de la boulangerie, etc.,

_____

(1) Dans le numéro du 21 mai 1905.

— soit réduit à la grève, c'est-à-dire au *non fonction-nement...*

Les renégats vont travailler. Ils trouvent les machines, les outils, les fours en bon état, — et ce, par la suprême faute des grévistes qui, ayant laissé en *bonne santé* 'ces moyens de production, ont laissé derrière eux la cause de leur échec revendicatif...

Or, se mettre en grève et laisser en *état normal* les machines et outils, est du temps perdu pour une lutte efficace. En effet, le patronat, disposant des renégats, de l'armée, de la police, fera fonctionner les machines... et le but de la grève ne sera pas atteint.

Le premier devoir avant la grève est donc de réduire à l'impuissance les instruments de travail. C'est l'A B C de la lutte ouvrière.

Alors, la partie devient égale entre le patron et l'ouvrier, car, alors, la cessation du travail qui est *réelle*, produit le but désiré, c'est-à-dire l'arrêt de la vie dans le clan bourgeois.

Désir de grève dans l'alimentation ?... Quelques litres de pétrole ou autre matière grasse et odorante répandue sur la sole du four... Et renégats ou soldats peuvent venir faire du pain. Ce pain sera immangeable, car les carreaux (pendant au moins trois mois) garderont l'odeur de la matière et l'inculqueront au pain.

Résultat : four inutilisable et à démolir.

Désir de grève dans la métallurgie ?... Du sable ou de l'émeri dans les engrenages de ces machines qui, montres fabuleuses, marquent l'exploitation du prolétariat ; ce sable fera grincer ces machines, encore plus fort que le patron et le contre-maître, et le colosse de fer, le pondeur de travail, sera réduit à l'impuissance et les renégats aussi...

C'est la même thèse qu'a effleurée dans sa brochure *Le Syndicalisme dans les Chemins de fer*, le citoyen A. Renault, employé de l'Ouest-État, thèse qui lui a valu, en septembre dernier, d'être

révoqué par le Conseil d'enquête, qui en la circonstance, a eu figure de conseil de guerre :

Pour être certain du succès, expliquait Renault, au
cas où la majorité des employés de chemins de fer
ne cesserait pas le travail au début, il est indispensable qu'une besogne dont il est inutile de donner ici
une définition, soit faite, au même instant, dans tous
les centres importants, au moment de la déclaration
de grève.

Pour cela, il faudrait que des équipes de camarades
résolus, décidés, coûte que coûte, à empêcher la circulation des trains, soient dès maintenant constitués
dans tous les groupes et les points importants. Il
faudrait choisir des camarades parmi les professionnels, parmi ceux qui, connaissant le mieux les roua-
ges du service, sauraient trouver les endroits sensi-
bles, les points faibles, frapperaient à coup sûr *sans
faire de destruction imbécile* et, par leur action efficace, adroite, intelligente autant qu'énergique, ren-
draient, d'un seul coup, inutilisable pour quelques
jours, le matériel indispensable au fonctionnement
du service et à la marche des trains.

Il faut penser sérieusement à cela. Il faut compter
avec les jaunes, les soldats...

Cette tactique qui consiste à doubler la grève
des bras de la grève des machines peut paraître
s'inspirer de mobiles bas et mesquins. Il n'en
est rien!

Les travailleurs conscients se savent n'être
qu'une minorité et ils redoutent que leurs camarades n'aient pas la ténacité et l'énergie de résister jusqu'au bout. Alors, pour entraver la déser-
tion de la masse, ils lui rendent la retraite impossible : ils coupent les ponts derrière elle.

Ce résultat, ils l'obtiennent en enlevant aux ouvriers, trop soumis aux puissances capitalistes,
l'outil des mains et en paralysant la machine que

fécondait leur effort. Par ces moyens, ils évitent la trahison des inconscients et les empêchent de pactiser avec l'ennemi en reprenant le travail mal à propos.

Il y a une autre raison à cette tactique : ainsi que l'ont noté les citoyens Bousquet et Renault, les grévistes n'ont pas que les renégats à craindre; ils doivent aussi se méfier de l'armée.

En effet, il devient de plus en plus d'usage capitaliste de substituer aux grévistes la main-d'œuvre militaire. Ainsi, dès qu'il est question d'une grève de boulangers, d'électriciens, de travailleurs des Chemins de fer, etc., le gouvernement songe de suite à énerver la grève et à la rendre inutile et sans objet en remplaçant les grévistes par des soldats.

C'est au point que, pour supplanter les électriciens, par exemple, le gouvernement a dressé un corps de soldats du génie, auxquels on a appris le fonctionnement des machines génératrices d'électricité, ainsi que la manipulation des appareils et qui sont toujours prêts à accourir prendre la place des ouvriers de l'industrie électrique au premier symptôme de grève.

Il est donc de lumineuse évidence que si les grévistes, qui connaissent les intentions gouvernementales, négligent, — avant de suspendre le travail, — de parer à cette intervention militaire, en la rendant impossible et inefficace, ils sont vaincus d'avance.

Prévoyant le péril, les ouvriers qui vont engager la lutte seraient inexcusables de ne pas y obéir. Ils n'y manquent pas!

Mais alors il arrive qu'on les accuse de vandalisme et qu'on blâme et flétrit leur irrespect de la machine.

Ces critiques seraient fondées s'il y avait de la part des ouvriers volonté systématique de détérioration, sans préoccupation de but. Or, ce n'est pas le cas! Si les travailleurs s'attaquent aux machines c'est, non par plaisir ou dilettantisme, mais parce qu'une impérieuse nécessité les y oblige.

Il ne faut pas oublier qu'une question de vie ou de mort se pose pour eux : s'ils n'immobilisent pas les machines ils vont à la défaite, à l'échec de leurs espérances; s'ils les sabotent, ils ont de grandes chances de succès, mais par contre, ils encourent la réprobation bourgeoise et sont accablés d'épithètes malsonnantes.

Etant donné les intérêts en jeu, il est compréhensible qu'ils affrontent ces anathèmes d'un cœur léger et que la crainte d'être honnis par les capitalistes et leur valetaille ne les fasse pas renoncer aux chances de victoire que leur réserve une ingénieuse et audacieuse initiative.

Ils sont dans une situation identique à celle d'une armée qui, acculée à la retraite, se résout à regret à la destruction des armements et des approvisionnements qui gêneraient sa marche et risqueraient de tomber au pouvoir de l'ennemi. En ce cas, cette destruction est légitime, tandis qu'en toute autre circonstance elle serait folie.

En conséquence, il n'y a pas plus raison de blâmer les ouvriers qui, pour assurer leur triomphe recourent au sabotage, qu'il n'y a lieu de blâmer l'armée qui, pour se sauver elle-même, sacrifie ses *impedimenta*.

Nous pouvons donc conclure qu'il en est du sabotage, ainsi que de toutes les tactiques et de toutes les armes : la justification de leur emploi découle des nécessités et du but poursuivi.

4

C'est à cette préoccupation des nécessités iné-
luctables et du but à atteindre qu'obéissaient, il
y a quelques années, les employés des tram-
ways de Lyon qui, pour rendre impossible la circulation des « cars », avec des renégats pour
wattmen, coulaient du ciment dans les aiguilles
des rails.

Autant peut s'en dire également du personnel
du chemin de fer du Médoc qui se mit en grève
en juillet 1908 : avant de suspendre le travail il
avait eu soin de couper la ligne télégraphique
reliant les gares et, lorsque la Compagnie voulut
organiser un service de fortune il fut constaté que
les organes de prise d'eau des locomotives avaient
été dévissés et cachés.

Un original procédé est le suivant, qui fut
appliqué à Philadelphie dans une grande maison
de fourrures, une de ces dernières années : avant
de quitter le travail les ouvriers coupeurs furent
invités par le Syndicat à modifier la grandeur
de leurs « patrons » régulièrement d'un pouce en
plus ou en moins. Chaque ouvrier suivit le conseil, rognant ou augmentant ses « patrons » à
sa guise.... Après quoi, le travail ayant cessé des
« jambes noires » furent embauchés sans que les
grévistes en soient émus. Ces jaunes se mirent
au travail et ce fut un beau gâchis! Les coupeurs
coupèrent... et rien ne s'accordait! Tant et si
bien qu'après avoir perdu beaucoup de dollars,
le patron fut dans l'obligation de réembaucher
les grévistes.... Chacun reprit son poste et chacun
redressa ses « patrons » en plus ou en moins.

On n'a pas oublié la formidable désorganisation qu'apporta au printemps de 1909 la grève
des Postes et Télégraphes. Cette grève étonna

bien des aveugles volontaires, auxquels échappent les symptômes sociaux les plus accentués; ceux-là eussent manifesté moins de stupéfaction s'ils avaient su que le *Cri Postal*, l'organe corporatif des sous-agents des P. T. T., déclarait, dès le mois d'avril 1907 :

Vous nous parlez coups de trique, nous répondrons coups de matraque... Ce que vous ne pourrez jamais empêcher, c'est qu'un jour, les correspondances et les télégrammes pour Lille aillent faire un tour à Perpignan. Ce que vous ne pourrez jamais empêcher, c'est que les communications téléphoniques soient subitement embrouillées et les appareils télégraphiques subitement détraqués. Ce que vous ne pourrez jamais empêcher, c'est que dix mille employés restent à leur poste, mais les bras croisés. Ce que vous ne pourrez jamais empêcher c'est que dix mille employés vous remettent le même jour, à la même heure, leur demande de mise en disponibilité et cessent le travail *légalement aussitôt.* Et ce que vous ne pourrez jamais faire, c'est les remplacer par des soldats...

Bien d'autres exemples seraient à citer. Mais, n'écrivant pas un traité de sabotage, il ne peut être question d'exposer ici les moyens, aussi complexes que variés, auxquels recourent et peuvent recourir les travailleurs. Les quelques-uns que nous venons de rappeler suffisent amplement pour faire saisir sur le vif les caractères du sabotage.

★
★ ★

Outre les procédés exposés ci-dessus il en est un autre, — qui s'est passablement répandu depuis l'échec de la deuxième grève des Postiers, — et qu'on pourrait qualifier de sabotage par représailles.

A la suite de cette deuxième grève, des groupes
de révolutionnaires, dont les recherches de la
police et du parquet n'ont pas réussi à découvrir
la filière, décidèrent de saboter les lignes télégraphiques et téléphoniques, pour protester contre
le renvoi en masse de plusieurs centaines de grévistes. Ils annoncèrent leur intention de s'achar-
ner à ces guérillas d'un nouveau genre tant que
les postiers révoqués pour faits de grève, n'auraient pas été réintégrés.

Une circulaire confidentielle envoyée aux adres-
ses sûres que ces groupes, — ou ce groupe, —
s'étaient procurées, précisait dans quelles conditions devait s'opérer cette campagne de sabotage des fils.

Les camarades qui t'envoient ce papier, disait cette
circulaire, te connaissent si tu ne les connais pas;
excuse-les de ne pas signer.

Ils te connaissent pour un révolutionnaire sérieux.

Ils te demandent de couper les fils télégraphiques
et téléphoniques qui seront à ta portée dans la nuit
de lundi à mardi 1er juin.

Les nuits suivantes tu continueras sans autre mot
d'ordre, le plus souvent que tu pourras.

Quand le Gouvernement en aura assez il réinté-
grera les 650 postiers qu'il a révoqués.

Dans une seconde partie, cette circulaire conte-
nait un formulaire détaillé et technique qui expo-
sait les différentes façons de couper les fils tout en
évitant d'être électrocutés. Elle recommandait
aussi, avec beaucoup d'insistance, de ne pas toucher aux fils des signaux ni aux fils télégraphiques des compagnies de chemins de fer et, pour
rendre impossible toute erreur, il était insisté
minutieusement sur les moyens de reconnaître
les fils des compagnies de ceux des lignes de l'Etat.

L'hétacombe des fils télégraphiques et téléphoniques fut considérable sur tous les points de la France et elle se continua sans répit jusqu'à la chute du ministère Clemenceau.

A l'avènement du ministère Briand il y eut une sorte d'armistice, une suspension des hostilités contre les lignes télégraphiques, les nouveaux ministres ayant laissé entrevoir comme prochaine la réintégration des victimes de la grève.

Depuis, en diverses circonstances, certains groupes, voulant protester contre l'arbitraire du pouvoir, ont pris l'initiative de s'adonner à cette guerre aux fils télégraphiques et téléphoniques. Voici, à titre documentaire, l'un des bilans d'un des groupes les plus actifs en ce genre d'opérations :

Septième bilan du groupe révolutionnaire secret de la région de Joinvillle et ses succursales :

Fils télégraphiques et téléphoniques coupés pour protester contre l'arrestation arbitraire du camarade Ingweiller, secrétaire de l'Union syndicale des ouvriers sur métaux, les poursuites scandaleuses engagées contre le comité de grève du Bi-Métal et les condamnations prononcées le 25 juillet 1910.

Opérations faites par le comité révolutionnaire secret de la région de Joinville et le comité de Seine-et-Oise du 8 au 28 juillet 1910 :

Région de Montesson, le Vésinet, Pont du Pecq	78 lignes
25 juillet. — Route de Melun à Montgeron	32 —
25 juillet. — Route de Corbeil à Draveil.	24 —
28 juillet. — Ligne du P.-L.-M. (Porte de Charenton)	87 —
Total	221 lignes
Report des 6 précédents bilans........	574 —
Total	795 lignes

Jusqu'ici, nous n'avons envisagé le sabotage que comme un moyen de défense utilisé par le producteur contre le patron. Il peut, en outre, devenir un moyen de défense du public contre l'Etat ou les grandes compagnies.

L'Etat — à tout seigneur tout honneur ! — en a déjà pâti. On sait avec quelle désinvolture il exploite les services publics qu'il a englobés. On sait aussi que les voyageurs du réseau de l'Ouest sont, entre tous, les plus mal lotis. Aussi, à bien des reprises, un vent de colère a-t-il passé sur eux et il y a eu alors, en une crise de révolte, fusion des classes contre l'Etat maudit.

Nous avons assisté à un rude sabotage de la gare St-Lazare... mais ce ne fut qu'un geste d'exaspération impulsif et momentané.

Or, voici qu'un syndicat de « défense des intérêts des voyageurs » vient, à fin août dernier, de se constituer et, dès sa naissance, convaincu de l'inanité des moyens légaux, il a (dans une réunion tenue à Houilles) affirmé sa volonté de recourir, pour obtenir satisfaction, à tous les moyens *possibles et imaginables* et s'est déclaré partisan d'un sabotage intensif du matériel.

C'est preuve que le sabotage fait son chemin !

CHAPITRE V

L'obstructionnisme

L'*obstructionnisme* est un procédé de sabotage à rebours qui consiste à appliquer avec un soin méticuleux les règlements, à faire la besogne dont chacun a charge avec une sage lenteur et un soin exagéré.

Cette méthode est surtout usitée dans les pays germaniques et une des premières et importantes applications en a été faite en 1905, en Italie, par les travailleurs des chemins de fer.

Il est inutile d'insister pour démontrer qu'en ce qui concerne spécialement l'exploitation des voies ferrées, les circulaires et les règlements chevauchent les uns sur les autres ; il n'est pas difficile non plus de concevoir combien leur scrupuleuse et stricte application peut apporter de désarroi dans le service.

Le gâchis et la désorganisation furent, en Italie, lors de l'Obstruction des *Ferrovieri* fantastiques et formidables. En fait, la circulation des trains fut presque suspendue.

L'évocation de ce que fut cette période de résistance passive fera saisir toute l'ingéniosité de cette tactique de lutte ouvrière. Les reporters qui vécurent l'*obstruction* nous en donnèrent des récits qui ont une saveur que n'aurait pas un exposé théorique. Laissons-leur donc la parole :

Le réglement veut qu'on ouvre le guichet pour la distribution des tickets trente minutes avant l'heure du départ du train et qu'on le ferme cinq minutes avant.

On ouvre donc les guichets. La foule se presse et s'impatiente. Un monsieur offre un billet de 10 francs pour payer un ticket de 4 fr. 50. L'employé lui lit l'article qui impose aux voyageurs l'obligation de se présenter avec leur argent, compté jusqu'aux centimes. Qu'il aille donc faire de la monnaie. L'incident se répète pour huit voyageurs sur dix. Contre tout usage, mais selon le règlement, on ne rend pas de monnaie, fût-ce sur un franc. Après vingt-cinq minutes, une trentaine de personnes à peine ont pris leurs billets. Les autres arrivent essoufflées, avec leur monnaie. Mais le guichet est fermé, parce que le délai réglementaire est écoulé.

Ne croyez pas, toutefois, que ceux qui ont pu prendre leurs billets ne soient pas à plaindre. Ils ne sont qu'au début de leurs peines. Ils sont dans le train, mais le train ne part pas. Il doit attendre que d'autres trains arrivent, d'autres trains qui sont en panne à cinq cents mètres de la gare. Car, d'après le règlement, on a accompli là des manœuvres qui ont déterminé un arrêt interminable. Des voyageurs, impatientés, sont même descendus pour gagner à pied la gare; mais les surveillants les ont arrêtés et leur ont dressé procès-verbal.

D'ailleurs, dans le train qui doit partir, il y a des tuyaux de chauffage à surveiller, et une inspection minutieuse peut durer jusqu'à deux heures. Enfin, le train s'ébranle. On pousse un soupir de soulagement. On croit toucher au but. Illusion!

A la première gare, le chef de train examine toutes les voitures et donne les ordres opportuns. On vérifie notamment si toutes les portières sont bien fermées. On devrait s'arrêter une minute; c'est un quart d'heure au moins qu'il faut compter....

Ces incidents, qui se produisirent au premier jour, à Rome et un peu partout, ne donnent qu'une image, imparfaite encore, de la situation. Pour les manœuvres dans les gares et pour la formation des trains de marchandises, les choses étaient bien plus compliquées.

Et tout cela entremêlé d'incidents grotesques ou joyeux à faire pâmer d'aise les mânes de Sapeck.

A Milan, un train s'était formé péniblement après une heure et demie de travail. Le surveillant passe et voit, tout au milieu, une de ces vieilles et horribles voitures que, par avarice, les Compagnies s'obstinent à faire circuler. « Voiture hors d'usage », prononce-t-il. Et tout de suite, il faut détacher la voiture et reformer le train.

A Rome, un chauffeur doit reconduire sa machine au dépôt. Mais il s'aperçoit que, derrière le tender on n'a pas placé les trois lanternes réglementaires. Il refuse donc de bouger. On va chercher les lanternes ; mais, au dépôt, on refuse de les livrer, car on réclame un mot écrit du chef de gare. Cet incident prend une demi-heure.

Au guichet se présente un voyageur avec un billet à prix réduit. Au moment de timbrer, l'employé demande :

— Vous êtes bien M. Untel, dont le nom figure sur le billet ?

— Certainement.

— Vous avez des papiers constatant votre identité ?

— Non, par sur moi.

— Alors, soyez assez bon pour trouver deux témoins qui me garantissent votre identité...

Toujours au guichet : un député se présente.

— Ah ! vous êtes l'honorable X... ?

— Parfaitement.

— Votre médaille ?

— Voici.

— Veuillez me donner votre signature.

— Avec plaisir. Un encrier.

— Je n'en ai malheureusement pas.

— Alors, comment puis-je signer ?

Et l'employé, placide et impertubable de répondre :

— Je crois qu'au buffet...

Le correspondant d'un grand journal parisien narra, à l'époque, son burlesque voyage au temps d'obstruction :

Je me fis conduire à la gare des Termini (à Rome), où j'arrivai juste à l'heure du départ réglementaire du train de Civita-Vecchia, Gênes, Turin et Modane.

Je me présentai au guichet qui était libre.

— Suis-je encore à temps pour le train de Gênes? demandai-je à l'employé.

Celui-ci me regarde un moment d'un air étonné ; puis, il me répond avec flegme, en scandant les syllabes :

— Certainement, le train de Gênes n'est pas encore parti.

— Donnez-moi donc un billet d'aller et retour pour Civita-Vecchia, dis-je en lui passant ma monnaie comptée par avance.

L'employé prend ma monnaie, observe minutieusement et une à une chaque pièce, chaque sou; il les palpe, les fait sonner pour les vérifier, le tout avec une lenteur telle que je lui dis, feignant l'impatience :

— Mais vous allez me faire manquer mon train!

— Bah! votre train ne part pas encore....

— Comment! comment! fis-je.

— Oui... On dit qu'il y a une petite chose de détraquée dans la machine.

— Eh bien! on la changera!

— *Chi lo sa?...*

Je laisse cet homme impassible, et gagne le quai dont la physionomie est anormale. Plus de ces allées et venues fébriles, de facteurs, d'employés ; ceux-ci sont répartis en petits groupes, parlant posément entre eux, ce pendant que les voyageurs font les cent pas devant les portières du train ouvertes. Partout règne le calme d'une petite gare de province.

Je m'approche d'une voiture de première classe. Une dizaine de manœuvres astiquent les poignées de cuivre, nettoient les vitres, ouvrent et ferment les portières pour s'assurer qu'elles jouent bien, époussètent les coussins, éprouvent les robinets d'eau et les boutons de lumière électrique. Une vraie rage de propreté, fait inouï dans les chemins de fer italiens! Huit minutes ont passé et la voiture n'est pas prête encore.

— *Dio mio!* s'écrie soudain un des manœuvres, voilà de la rouille sur les poignées de cette portière!

Et il frotte la rouille avec une ardeur sans pareille.

— Est-ce que vous allez nettoyer ainsi toutes les voitures? lui dis-je.

— Toutes! me répond cet homme consciencieux d'une voix grave. Et il y en a quinze à nettoyer encore!

Cependant, la locomotive n'est pas encore là. Je m'enquiers. Un employé complaisant m'assure que le mécanicien est entré au dépôt à l'heure réglementaire, mais il lui a fallu beaucoup de temps pour mettre sa machine en état, car il a voulu peser les sacs de charbon, compter une à une les briques d'aggloméré, enfin, inquiet sur certains appareils, il a dû prier son chef de service de venir discuter avec lui, — conformément au règlement!

J'assiste au dialogue suivant entre un sous-chef de gare et le chef de train :

« — Ecoutez, dit le sous-chef de gare, vous savez bien que si vous exigez que le train soit formé suivant les règlements, on ne partira plus.

« — Pardon, chef, réplique l'autre avec calme. Il faut d'abord faire respecter l'article 293 qui exige que les voitures à tampons fixes alternent entre les voitures à tampons à ressort. Puis, il y a tout le train à reformer, car aucun des tampons ne coïncide exactement avec son contraire, comme il est prescrit à l'article 236, lettre A. Les chaînes de sûreté manquent en partie à certaines voitures qu'il faudra par conséquent réparer, comme l'exige l'article 326, lettre B. De plus, la formation du train n'est pas faite comme il est prescrit, parce que les voitures pour....

« — Vous avez parfaitement raison, s'écrie le sous-chef de gare. Mais pour faire tout cela, il faut une journée!

« — Ce n'est que trop vrai, soupire le chef de train, goguenard. Mais, que vous importe? Une fois en route, la responsabilité pèse toute sur moi. J'insiste donc pour que le règlement soit respecté.... »

Finalement un coup de sifflet annonce que la locomotive s'avance, s'arrêtant longuement à chaque aiguillage pour une longue discussion entre le mécanicien et l'aiguilleur. En arrivant sur la voie où notre train l'attend, le mécanicien s'arrête encore une fois avec prudence : avant d'aller plus loin et d'aborder la tête de son train, il veut savoir si les freins des voitures sont en bon état, s'il n'y a pas de lampistes ou d'autres agents sur les toits des wagons.... Un accident est si vite arrivé! Enfin, le mécanicien se déclare satisfait et il amène sa locomotive à l'amarrage.

Nous allons partir?... Allons donc! Le manomètre de la machine doit marquer 5 degrés et il en marque 4. D'habitude, on part quand même et la pression monte en route. Mais le règlement exige les 5 degrés au départ et notre mécanicien ne partirait pour rien au monde à 4,9 dixièmes ce soir.

Nous finissons par démarrer avec une heure et demie de retard. Nous sortons de la gare avec une sage lenteur, sifflant à toutes les aiguilles, longeant

six trains en panne à deux kilomètres de Rome et
dont les voyageurs pestent à qui mieux mieux, et...
nous voici sous la coupe des contrôleurs qui passent
leur temps à faire signer les voyageurs munis de
permis, de demi-permis et de billets circulaires.

Cependant, première station. Des voyageurs mon-
tent. Les employés vérifient lentement la fermeture
de toutes les portières, qu'ils ouvrent et ferment.
Dix minutes se perdent encore. Malgré tout, le chef
de gare siffle pour le départ.

— *Momento!* lui crie le chef de train. *Momento!*

— Qu'y a-t-il? demande le chef de gare.

— Je vais fermer la vitre de ce compartiment,
là-bas, comme le prescrit l'article 676 du règlement.

Et il le fait comme il l'a dit!

On repart... A la gare suivante, nouvelle comédie.

Il y a là des colis à prendre, neuf malles et cinq
valises que le chef de train tient à vérifier avant de
les admettre — comme il est prescrit par l'article
739 du règlement.

Et nous sommes arrivés enfin à Civita-Vecchia, à
minuit 40, avec près de trois heures de retard, sur un
parcours qui, d'ordinaire, se fait en deux heures...

Voilà ce qu'est l'*obstructionnisme* : respect et
application, poussés jusqu'à l'absurde, des règlements ; accomplissement de la besogne dévolue
avec un soin excessif et une non moins excessive
lenteur.

Ceci exposé, il n'est pas inutile de connaître
l'appréciation portée sur cette tactique de lutte
par le Congrès International des Ouvriers du
Transport, qui se tint à Milan, en juin 1906.

Le rapporteur était un délégué autrichien, le
citoyen Tomschick :

Il est très difficile de dire, déclara-t-il : le Congrès
recommande aux travailleurs des chemins de fer de
se mettre en grève ou d'employer la résistance pas-

sive. Par exemple, ce qui est bon et possible en Autriche, peut être mauvais et impossible à exécuter dans les autres pays...

Quant à la résistance passive : Elle est ancienne, elle a été appliquée déjà en 1895. Les camarades italiens ont employé la résistance passive bien maladroitement en l'étendant également aux trains de voyageurs. Ils ont ainsi excité la population et c'était absolument inutile, car la circulation des voyageurs n'est pas la partie la plus importante du commerce, elle ne vient qu'en deuxième ligne. Pour les chemins de fer c'est surtout la circulation des marchandises qui entre en considération et il faut frapper les chemins de fer par son arrêt. Si les camarades italiens avaient fait ceci, ils auraient sans doute obtenu de grands avantages. Plus les marchandises s'accumulent, plus l'entière circulation est arrêtée et la conséquence en est que les voyageurs protestent parce qu'ils doivent rester en dehors et attendre en vain leur transport. Dans ces cas les réclamations des voyageurs ne s'adresseront pas aux travailleurs des chemins de fer, mais aux administrations. En Italie on a pu constater le contraire : la population était contre les travailleurs des chemins de fer.

Je vous dis que la résistance passive est bien plus difficile à exécuter que la grève. Lors de la résistance passive les travailleurs des chemins de fer sont toujours sous le fouet des supérieurs, à chaque quart d'heure ils doivent se défendre contre toute sorte de commandements et, à cause du refus de travail, ils peuvent être congédiés à chaque moment.

Prenez tous les fonctionnaires : tout au plus dix sur cent savent les instructions, car les employés ne sont pas instruits par leurs chefs. Vous pouvez alors vous imaginer combien il est difficile d'éclairer et d'informer les travailleurs des chemins de fer lors d'une résistance passive.

Et puis il y a encore une circonstance importante qu'il ne faut pas oublier : lors de la résistance passive on surcharge de travail les hommes indifférents, ils doivent courir continuellement, ils ont peu de repos et par la perte de la rémunération kilométrique ils ont en même temps une diminution de leur gain. C'est pourquoi, nous y insistons encore une fois, l'exécution de la résistance passive n'est point une tâche facile...

Le Congrès ne désapprouva d'ailleurs pas l'Obstruction : il ne se prononça pas entre les deux moyens, — la résistance passive et la grève, — laissant aux intéressés le soin d'user de l'une ou de l'autre, selon qu'ils le jugeraient préférable.

Ces réserves du Congrès, au sujet de la résistance passive en étaient si peu une condamnation que, l'année suivante, en octobre 1907, les cheminots autrichiens avaient recours à ce moyen de lutte : l'obstruction se continua durant une quinzaine de jours et les compagnies furent obligées de capituler.

Depuis, en maintes circonstances, l'obstructionnisme a été pratiqué dans les pays autrichiens : entre autres corporations qui y ont eu recours, citons celles des employés des postes et des typographes.

Ajoutons, avant de conclure, que ce procédé de lutte a acquis droit de cité en Allemagne : à l'approche du jour de l'an 1908 les employés des grandes maisons d'édition de Liepzig ont usé de ce sabotage à rebours qu'est l'Obstructionnisme. Un journal corporatif exposa les faits comme suit :

Ces employés qui, malgré la cherté des vivres, devaient travailler à des conditions excessivement précaires, avaient soumis un projet de tarif aux patrons demandant un minimum de salaire de 110 marks par mois. Les patrons comptant sur le manque d'union des employés (il existe 5 syndicats différents, dont

1 socialiste), auraient bien voulu traîner les pourparlers en longueur pour arriver à la morte-saison et ainsi pouvoir faire fi des revendications ouvrières. Mais ils avaient compté sans la vigilance du Syndicat socialiste qui convoqua tous les employés à une réunion, où il fut décidé d'adopter le sabotage pour forcer les patrons à donner une solution. Le lendemain, les employés entrèrent dans la résistance passive, c'est-à-dire qu'ils travaillèrent consciencieusement, *sans trop se presser*, recomptèrent plusieurs fois les factures avant de les expédier, mettant le plus grand soin aux emballages, etc., et le résultat fut que quantité de ballots de livres ne purent être expédiés. Les patrons, voyant les choses tourner de cette façon, accordèrent dès le lendemain l'augmentation demandée.

Il nous reste à observer que si l'Obstructionnisme a fait ses preuves en Allemagne, il n'a pas encore, — sauf erreur, — été pratiqué en France. Cependant, il n'est pas improbable qu'il s'y acclimate... il n'est besoin pour cela que de l'occasion, de circonstantes propices.

Conclusions

Ainsi que nous venons de le constater par l'examen des modalités du sabotage ouvrier, sous quelque forme et à quelque moment qu'il se manifeste, sa caractéristique est, — toujours et toujours ! — de viser le patronat à la caisse.

Contre ce sabotage, qui ne s'attaque qu'aux moyens d'exploitation, aux choses inertes et sans vie, la bourgeoisie n'a pas assez de malédictions.

Par contre, les détracteurs du sabotage ouvrier ne s'indignent pas d'un autre sabotage, — véritablement criminel, monstrueux et abominable on ne peut plus, celui-là, — qui est l'essence même de la société capitaliste ;

Ils ne s'émeuvent pas de ce sabotage qui, non content de détrousser ses victimes, leur arrache la santé, s'attaque aux sources même de la vie... à tout !

Il y a à cette impassibilité une raison majeure : c'est que, de ce sabotage-là, ils sont les bénéficiaires !

Saboteurs, les commerçants qui, en tripatouillant le lait, aliment des tout petits, fauchent en herbe les générations qui poussent ;

Saboteurs, les fariniers et les boulangers qui additionnent les farines de talc ou autres produits nocifs, adultérant ainsi le pain, nourriture de première nécessité;

Saboteurs, les fabricants de chocolats à l'huile de palme ou de coco ; de grains de café à l'amidon, à la chicorée et aux glands ; de poivre à la coque d'amandes ou aux grignons d'olives ; de

confitures à la glucose ; de gateaux à la vaseline ;
de miel à l'amidon et à la pulpe de chataignes ;
de vinaigre à l'acide sulfurique ; de fromages à
la craie ou à la fécule ; de bière aux feuilles de
buis, etc., etc.

Saboteurs, les trafiquants, ô combien patriotes !
— plus et mieux que Bazaine, — qui, en 1870-71,
contribuèrent au sabotage de leur patrie en livrant
aux soldats des godillots aux semelles de carton
et des cartouches à la poudre de charbon ; saboteurs, également, leurs rejetons qui, entrés dans
la carrière paternelle avec au cœur le traditionnel
bonnet à poil, construisent les chaudières explo-
sives des grands cuirassés, les coques fêlées des
sous-marins, fournissent l'armée de « singe »
pourri, de viandes avariées ou tuberculeuses, de
pain au talc ou aux féveroles, etc. (1).

(1) Autre et récent exemple de sabotage capitaliste :
Lors du *Circuit de l'Est*, il fut fait grand tapage, sous
prétexte de sabotage d'aéroplanes. Il est superflu de
décharger les révolutionnaires d'un tel crime. Ils ont en
trop haute estime cette invention merveilleuse pour avoir
songé à saboter un aéroplane... fût-il piloté par un
officier.

Après enquête, il a été reconnu que le seul et unique
saboteur des aéroplanes était un *honnête commerçant...* et
patriote, comment donc !

On avait commandé à ce mercanti de l'huile de ricin de
première qualité (utilisée pour le graissage des moteurs)
et il livra, en remplacement, du sulforicinate d'ammonia-
que, produit inférieur et nocif qu'il vendit au taux de
l'huile de ricin.

Sous l'action de la chaleur développée par la rotation
excessivement rapide du moteur, le sulforicinate d'ammo-
niaque se dissocia et il se forma de l'acide sulfurique
dont l'action corrosive fut désastreuse pour les organes
métalliques qu'au lieu de graisser il détériora et immobilisa.

Ce sabotage capitaliste eut pu causer la mort des avia-
teurs Legagneux et le lieutenant Aquaviva...

Saboteurs, les entrepreneurs de bâtisses, les constructeurs de voies ferrées, les fabricants de meubles, les marchands d'engrais chimiques, les industriels de tous poils et de toutes les catégories...

Tous saboteurs ! tous, sans exceptions !... car, tous, en effet, truquent, bouzillent, falsifient, le plus qu'ils peuvent.

Le sabotage est partout et en tout : dans l'industrie, dans le commerce, dans l'agriculture... partout ! partout !

Or, ce sabotage capitaliste qui imprègne la société actuelle, qui constitue l'élément dans lequel elle baigne, — comme nous baignons dans l'oxygène de l'air, — ce sabotage qui ne disparaîtra qu'avec elle, est bien autrement condamnable que le sabotage ouvrier.

Celui-ci, — il faut y insister ! — ne s'en prend qu'au capital, au coffre-fort, tandis que l'autre s'attaque à la vie humaine, ruine la santé, peuple les hôpitaux et les cimetières.

Des blessures que fait le sabotage ouvrier ne gicle que l'or; de celles produites par le sabotage capitaliste, au contraire, le sang coule à flots.

Le sabotage ouvrier s'inspire de principes généreux et altruistes : il est un moyen de défense et de protection contre les exactions patronales ; il est l'arme du déshérité qui bataille pour son existence et celle de sa famille ; il vise à améliorer les conditions sociales des foules ouvrières et à les libérer de l'exploitation qui les étreint et les écrase... Il est un ferment de vie rayonnante et meilleure.

Le sabotage capitaliste, lui, n'est qu'un moyen d'exploitation intensifiée ; il ne condense que les appétits effrénés et jamais repus ; il est l'expression d'une répugnante rapacité, d'une insatiable soif de richesses qui ne recule pas devant le crime pour se satisfaire... Loin d'engendrer la vie, il ne sème autour de lui que ruines, deuil et mort.

IMP. COOPÉRATIVE OUVRIÈRE, VILLENEUVE-St-GEORGES

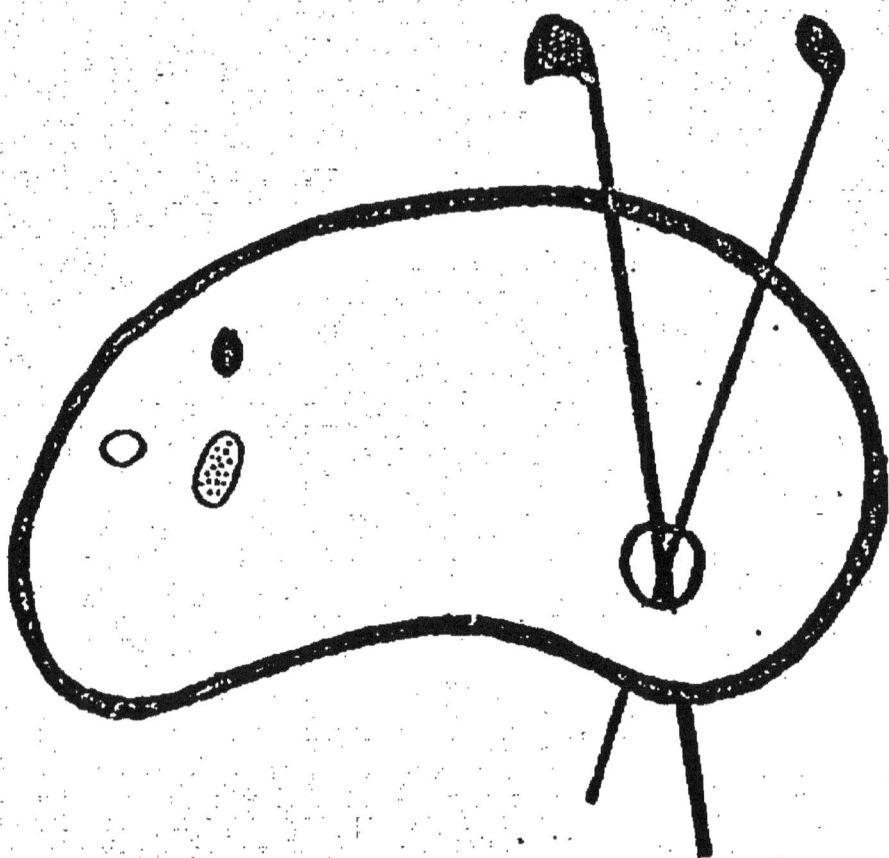

DEBUT D'UNE SERIE DE DOCUMENTS
EN COULEUR

SCIENCES SOCIALES

EXTRAIT DU CATALOGUE
de la Librairie Marcel RIVIÈRE et Cie
31, RUE JACOB ET 1, RUE SAINT-BENOIT
PARIS (VIe) — *TÉLÉPHONE 740-37*

COLLECTION

" Les Documents du Socialisme "

PUBLIÉE SOUS LA DIRECTION DE
Albert THOMAS, Député de la Seine

Chaque volume in-18 de 72 ou 80 pages . . . . . . **0 fr. 75**

Cette bibliothèque fournira aux militants des études précises, simples, mais nourries de faits sur les différents mouvements économiques et sociaux (coopération, socialisme, mutualité, municipalisme), sur l'histoire du socialisme, sur le développement capitaliste. Des traductions, des rééditions de textes fameux et difficiles à trouver, des publications statistiques alterneront avec les études originales. Rapidement les « Documents du socialisme » formeront une collection indispensable à tout socialiste, à tout homme de science.

VOLUMES PARUS :

I. **L'Unité coopérative,** par Eugène FOURNIÈRE, 1910.
II. **La Civilisation socialiste,** par Ch. ANDLER, 1910.
III. **Le Socialisme et la concentration industrielle,** par Hubert BOURGIN.

A PARAITRE :

Le monopole des assurances, par Et. BUISSON.
L'Internationale, par Georges BOURGIN.

BIBLIOTHÈQUE

DU

Mouvement Prolétarien

Chaque volume in-16, de 64 pages au moins. . . . . **0 fr. 60**

Par son format commode et son prix minime, cette collection s'adresse à ceux qui, dans tous les milieux, sont attentifs au mouvement social de leur temps et, spécialement, à cette partie du public qui n'a pas la possibilité d'aborder les gros travaux et de rechercher les articles spéciaux publiés sur ces questions.

Elle comprend des études descriptives, historiques, documentaires, théoriques, critiques, biographiques, etc.

VOLUMES PARUS :

I. **Syndicalisme et Socialisme,** Conférence internationale, par V. GRIFFUELHES, B. KRITCHEWSKY, A. LABRIOLA, HUBERT LAGARDELLE et ROBERT MICHELS.

II. **La Confédération Générale du Travail,** 2e édition, 1910, par E. POUGET.

III. **La Décomposition du Marxisme,** 2e édition, 1910, par Georges SOREL.

IV. **L'action syndicaliste,** par VICTOR GRIFFUELHES.

V. **Le Parti socialiste et la Confédération du Travail.** Discussion, par JULES GUESDE, HUBERT LAGARDELLE et EDOUARD VAILLANT.

VI. **Les nouveaux Aspects du Socialisme,** par ED. BERTH.

VII. **Les Instituteurs et le Syndicalisme,** par M. T. LAURIN.

VIII. **La Révolution dreyfusienne,** par G. SOREL.

IX. **Les Bourses du Travail,** par DELESALLE.

X. **Voyage révolutionnaire,** par V. GRIFFUELHES.

XI. **Les objectifs de nos luttes de classes,** par V. GRIFFUELHES et LOUIS NIEL. Préface de GEORGES SOREL.

XII. **Le Mouvement ouvrier en Italie,** par LANZILLO.

XIII. **Le Sabotage,** par EM. POUGET.

COLLECTION

" Systèmes et Faits sociaux "

La Philosophie sociale de Renouvier, par ROGER PICARD, 1 vol. in-8 de 344 pages, br..................... 7 fr. 50
La Richesse de la France. Fortune et revenus privés, par H. DE LAVERGNE et PAUL HENRY, 1 vol. in-8 de 216 pages, br. 6 fr.
Race et Milieu social. Essais d'Anthroposociologie, par VACHER DE LAPOUGE, 1910, 1 vol. in-8 de 393 pages, br........... 8 fr.
La Protection de la Maternité. par J. MORNET, 1910, 1 vol. in-8, br.. 6 fr.
Le Programme socialiste, par KAUTSKY. Traduction RÉMY, 1910, 1 vol. in-8, br.............................. 6 fr.
Le Chômage : causes, conséquences, remèdes, par H. DE LAVERGNE et P. HENRY, 1910, 1 vol. in-8, br........... 8 fr.
Les Cahiers de 1789 et les classes ouvrières, par ROGER PICARD, 1 vol. in-8, 1910............................. 6 fr.
Le travail à domicile : ses misères, ses remèdes, par G. MÉNY, 1 vol. in-8, 1910............................. 8 fr.
La fin de l'esclavage dans l'antiquité, par CICCOTTI, traduit par G. PLATON, 1910, 1 vol. in-8, br................ 10 fr.
Introduction à la Sociologie, par G. DE GREEF, prof. à l'Université nouvelle de Bruxelles, 2e édit., 1911, 2 vol. in-8.. 12 fr.

COLLECTION

" Etudes sur le Devenir social "

I. Les illusions du progrès, par GEORGES SOREL, 2e édition augmentée, 1 vol. in-16......................... 3 fr. 50
II. Dialogues socialistes, par ED. BERTH, 1 vol. in-16. 3 fr. 50
III. Karl Marx : l'économiste, le socialiste, par A. LABRIOLA, traduit par BERTH. Préface de GEORGES SOREL, 1 vol. in-16. 4 fr.
IV. Réflexions sur la violence, par GEORGES SOREL, 2e édition, 1910, 1 vol. in-16.............................. 5 fr.
V. Le Mythe vertuiste et la Littérature immorale, par VILFREDO PARETO, prof. d'économie politique, 1 vol. in-16. 3 fr.
VI. L'Interprétation économique de l'Histoire, par E. SELIGMAN, traduit par H.-E. BARRAULT. Préface de GEORGES SOREL, 1 vol. in-16............................... 3 fr.

BIBLIOTHÈQUE

DES

Sciences économiques
et sociales

La journée de huit heures, par MARCEL LECOQ, *docteur en droit ès sciences économiques,* 1 vol. in-16, de 224 pages .... 2 fr.

L'Avenir économique du Japon, par ACHILLE VIALATTE, *professeur à l'Ecole des Sciences politiques,* 1 vol. in-16... 2 fr.

Cours d'économie politique, professé au Collège libre des Sciences Sociales, par PAUL GHIO. — Tome I. *Les Origines,* 1 vol. in-16 ...., 2 fr.

Le Commerce international, par G. LECARPENTIER, *Avocat à la Cour d'appel, diplômé de l'Ecole des Sciences politiques,* 1 vol. in-16 .... 2 fr.

Les Employés et leurs Corporations. Etude sur leur fonction économique et sociale, par E. DELIVET, *lauréat de la Société d'Economie politique de Paris,* 1 vol. in-16 .... 2 fr.

Le Compagnonnage, son histoire, ses mystères, par J. CONNAY, Préface de L. et M. BONNEFF, 1 vol. in-16 .... 2 fr.

Coopération et Socialisme en Angleterre, par BARRAULT et M. ALFASSA. Préface de CH. GIDE, 1 vol. in-16 .... 2 fr.

Commerce maritime et Marine marchande, par G. LECARPENTIER, 1 vol. in-16 .... 2 fr.

La formation du prix des denrées, par A. DULAC (ouvrage couronné par la Société des agriculteurs de France), 1 vol. in-16 .... 2 fr.

La Démocratie sociale devant les idées actuelles, par ET. ANTONELLI, *Professeur au Collège libre des Sciences sociales.* Préface de PAUL BONCOUR, 1 vol. in-16 .... 2 fr.

Ouvrages divers

Allard. — *Esclaves, Serfs et Mainmortables*, n. éd........ 4 fr.

Bernstein (Ed.). — *La Grève et le lock-out en Allemagne. Leurs forces, leur droit, leurs résultats.* Conférence à l'Université nouv. de Bruxelles, 1908, gr. in-8.................. 2 fr. 50

Bernstein, Hueber, Keir Hardie, G.-S. Middleton, A. Octors, M. Olsen, A. Quist, F. Thies, E. Vandervelde. — *Syndicats et Parti; les expériences étrangères,* br., in-8........ o fr. 30

Beuchat et Hollebecque. — *Les religions.* Etude historique et sociologique du phénomène religieux, 1 vol. in-16, illust. 2 fr. 50

Colin (P.). — *Aperçus sur le vagabondage, effets, causes, remèdes,* 1907, 1 vol. in-16, br......................... 1 fr. 50

Iᵉʳ Congrès de l'Enseignement des Sciences sociales. Compte rendu des séances et texte des mémoires de Gide, Waxweiler, G. Renard, Niceforo, F. Simiand, Hauser, Deherme, 1901, 1 vol. in-8.. 5 fr.

Vᵉ Congrès national des Syndicats et Groupes corporatifs ouvriers de France, tenu à Marseille, du 19 au 22 octobre 1892. Compte rendu, 1 vol. in-8................................. 1 fr. 50

Delmer. — *Enquête anglaise sur la journée de huit heures,* 1907, in-8, br... 2 fr.

Draghiscesco (D.), membre de la Société de Sociologie. — *Le Problème du Déterminisme social,* 1903, in-8, br. Prix.. 2 fr. 50

Fesch (P.). — *L'année sociale économique,* 1907, 1 vol. in-8, broché.. 7 fr. 50

— *L'année sociale économique,* 1908, 1 vol. in-8, br. Prix. 7 fr. 50

Fournier de Flaix (E.). — *La Statistique des religions,* 1890, in-8 de 54 p.. 1 fr. 50

Fromont. — *Une expérience industrielle de réduction de la journée de travail,* 1 vol. in-16, cart. toile.................. 3 fr.

Gailhard-Bancel, député. — *Les retraites ouvrières, l'Assistance aux vieillards et aux infirmes.* Introduction et notes de M. J. Dusart, préface du comte de Mun, député, 1906, 1 vol. in-12, broché.. 3 fr.

Goineau (A.). — *Les retraites ouvrières et paysannes. Loi du 5 avril 1910 annotée et commentée avec le calcul des pensions auxquelles les intéressés auront droit,* 1 vol. in-16, 1910.. 1 fr.

Goulut. — *Le Socialisme au pouvoir,* 1910, 1 vol. in-16... 3 fr. 50

Heberlin-Darcy. — *Esquisse d'une société collectiviste.* Etude sociologique, préface d'Anatole France, 1908, br. in-8. o fr. 50

Kurnatowski (G.). — *Esquisse d'évolution solidariste,* 1 vol. in-8, br.. 2 fr. 50

Lagardelle. — *La Grève générale et le Socialisme,* enquête internationale, opinions et documents, 1905, 1 vol. in-18 de 424 p.. 3 fr. 50

Niel (L.), ex-secrétaire de la C. G. T. — *Deux principes de vie sociale.* La lutte pour la vie. L'entente pour la vie. 1909, 1 vol. in-12, br... o fr. 75

Poidvin (A.). — *Guide pratique en matière d'accidents du travail* à l'usage des patrons, employés et ouvriers, 1 vol. in-16, br., de 216 p.. 2 fr.

Saint-Cyr (Ch. de). — *La Haute-Italie politique et sociale,* 1908, 1 vol. in-12... 3 fr.

Saint-Georges d'Armstrong (Baron Th. de). — *Concorde internationale,* avec commentaires et détails. Lettres écrites aux puissances et vœux déposés au Congrès permanent de l'Humanité dans les années 1900 à 1906, 1907, 1 vol. gr. in-8......... 4 fr.

Séverac (G.). — *Guide pratique des Syndicats professionnels,* 1908, 1 vol. in-12, br...................................... 2 fr.

Sorel (G.). — *Introduction à l'Economie moderne,* 1 volume in-16 .... 5 fr.

— *Le système historique de Renan,* in-8.............. 12 fr.

— *La ruine du monde antique,* in-16................ 3 fr. 50

Valmor (G.). — *La loi du nombre,* notre principe de gouvernement, 1908, 1 vol. in-16.................................... 1 fr. 50

— *Les problèmes de la colonisation*................... 3 fr. 50

Vandervelde (E.). — *Le sort des campagnes s'améliore-t-il? Un village brabançon en 1833. Ce qu'il est devenu.* 1 vol. gr. in-8, broché... 2 fr.

— *Essais sur la question agraire en Belgique,* 1903, 1 vol. in-12 de 210 p.. 2 fr. 50

Vitali. — *La question des retraites ouvrières devant le Parlement français,* 1906, 1 vol. in-8, br., 298 p.................. 5 fr.

Waxweiller (E.). — *Esquisse d'une Sociologie.* 1 vol. in-4 carré, cart. toile... 12 fr.

— *L'Evolution de l'idée d'association des salaires aux profits,* 1909, brochure gr. in-8.. 1 fr.

Weber (A.). — *A travers la Mutualité.* Etude critique sur les Sociétés de secours mutuels, 1908, 1 vol. in-8.......... 5 fr.

Publication des Lois ouvrières

Accidents du Travail. — Loi du 9 avril 1898, modifiée par les lois du 22 mars 1902 et du 31 mars 1905. Loi du 30 juin 1899, accidents agricoles. Loi du 16 avril 1906, exploitations commerciales. Décrets d'administration publique. 1 brochure in-8 de 40 pages. Prix.................................... 0 fr. 50

Accidents du Travail. — Arrêté du 30 septembre 1905, fixant le tarif des frais médicaux et pharmaceutiques en matières d'accidents du travail. 1 brochure in-8.............. 0 fr. 75

Assistance aux Vieillards. — Instruction du 16 avril 1906 suivie de la loi du 14 juillet 1905. Décret du 14 avril 1906 et annexes. 1 brochure in-8................................ 1 fr. 75

Bien de famille insaisissable. — Loi du 12 juillet 1909. Décret du 26 mars 1910 et circulaire, annotés et commentés par Pranard et Mangot, avec formules, 1 vol. in-16...... 1 fr. 50

Bureaux de placement. — Loi du 14 mars 1904 relative au placement des ouvriers et employés des deux sexes et de toutes professions. 1 brochure in-8.................... 0 fr. 50

Caisses d'épargne. — Histoire et Législation, par Chevauchez, rédacteur au Sous-Secrétariat des Postes. In-8 br... 1 fr. 50

Caisses de secours contre le chômage. — Décret du 9 septembre 1905, précédé d'un rapport du Ministre du Commerce et du Ministre des Finances. 1 brochure in-8........ 0 fr. 50

Conseils de prud'hommes. — Loi du 27 mars 1907, complétée des textes et articles des codes mis en vigueur par la présente loi. 1 brochure in-8 de 32 pages................. 0 fr. 50

Contrat d'association. — Loi du 1er juillet 1901, modifiée par celles des 4 décembre 1902 et 17 juillet 1903, suivie des décrets des 16 août 1901, 28 novembre 1902, 14 février 1905, et circulaire ministérielle. 1 brochure in-8 de 46 pages...... 0 fr. 50

Distributions d'énergie électrique. — Loi du 15 juin 1906, suivie de celle du 25 juin 1895, brochure in-8...... 0 fr. 50

Habitations à bon marché et petite propriété. — Loi du 12 avril 1906 et du 10 avril 1908. 1 brochure in-8...... 0 fr. 50

Hygiène du Travail. — Lois des 12 juin 1893 et 11 juillet 1903 et décrets des 29 novembre 1904 et 6 août 1905, suivis des Décrets sur l'emploi de la céruse, couchage du personnel, ateliers de blanchissage. 1 brochure in-8 de 30 pages.. 0 fr. 50

Justice de paix. — Lois des 12 et 13 juillet 1905. 1 brochure in-8 .... 0 fr. 50

Législation électorale. — Lois et décrets concernant les élections des conseillers municipaux, conseillers généraux, députés, sénateurs, suivis des lois constitutionnelles, petit volume in-8, broché .... 1 fr. 50

Liberté de Réunion. — Loi du 30 juin 1881, modifiée par celle du 28 mars 1907 et annotée des textes des 16-24 août 1790, 19-22 juillet 1791, 18 juillet 1837, 28 juillet 1848, 9 décembre 1905, art. 25-26. Décret du 16 mars 1906, art. 49. 1 brochure in-8 .... 0 fr. 50

Organisation municipale. — Loi du 5 avril 1884 modifiée par celles des 4 et 25 février 1901, 7 avril 1902, 8 janvier 1905, 9 décembre 1905 et complétée par la loi du 22 mars 1890 sur les Syndicats des communes. 1 brochure in-8 de 48 p.   0 fr. 50

Recrutement de l'armée. — Loi du 21 mars 1905, réduisant à deux ans la durée du service militaire. 1 brochure in-8 de 68 pages.. 0 fr. 50

Repos hebdomadaire. — Loi du 13 juillet 1906 et Décrets d'administration publique du 24 août 1906, 13 juillet 1907, 14 août 1907. 1 brochure in-8........................... 0 fr. 50

Retraites ouvrières et paysannes. — Loi du 5 avril 1910, 1 brochure in-8................................. 0 fr. 50

Sociétés d'assurances sur la vie. — Loi du 17 mars 1905, décrets des 30 janvier, 12 mai, 9, 22, 25 juin 1906, notice relative à l'enregistrement et arrêtés de juillet 1907 et modèles d'états à produire. 1 vol. in-8 de 104 pages.......... 2 fr. »

Sociétés civiles et commerciales. — Loi du 24 juillet 1867, modifiée et complétée par celles des 1er août 1893 et 16 novembre 1903, suivie des lois des 29 juin 1872, 1er décembre 1875, et décrets des 9 décembre 1872 et 10 août 1896 sur le timbre des sociétés. 1 brochure in-8 de 36 pages.......... 0 fr. 50

Sociétés de secours mutuels. — Loi du 1er avril 1898, modifiée et complétée par celles des 31 mars 1903 et 2 juillet 1904, suivie du décret du 25 mars 1901. 1 brochure in-8.. 0 fr. 50

Syndicats professionnels. — Loi du 21 mars 1884, circulaire ministérielle du 25 août 1884. 1 brochure in-8....... 0 fr. 50

Indépendamment des Lois mentionnées ci-dessus et éditées par nos soins, la librairie peut fournir par fascicules séparés du *Bulletin des Lois* toutes celles promulguées depuis 1794.

Imp. coop. ouvr., Villeneuve-St-Georges.

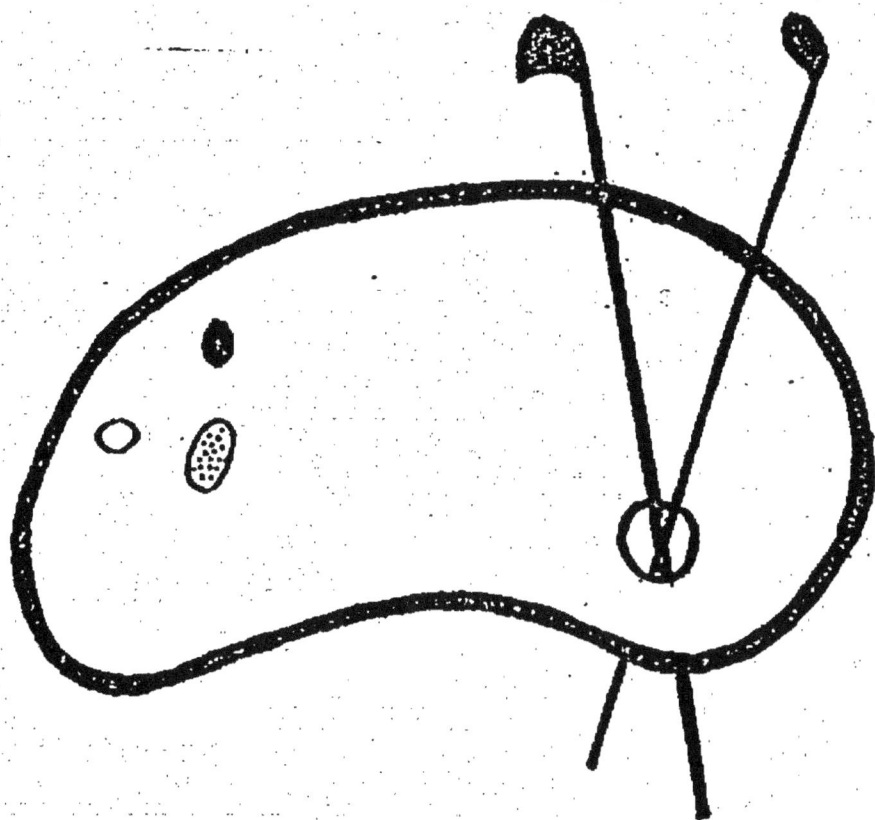

FIN D'UNE SERIE DE DOCUMENTS
EN COULEUR

www.ingramcontent.com/pod-product-compliance
Lightning Source LLC
Chambersburg PA
CBHW070910280326
41934CB00008B/1655